はじめに：時代はSpeakingとWriting

TOEIC® (Test of English for International Communication: 国際コミュニケーション英語能力テスト) が世に出たのは1979年、今から40年前のことです。国際ビジネスにおける日本人のコミュニケーション能力に危機感を抱いた当時の日本経済団体連合会と通商産業省 (現在の経済産業省) が、アメリカのETS (Educational Testing Service: 教育試験サービス) に要請して、この英語力検定試験が生まれました。時代は、戦後の復興以来、日本経済が飛躍的に成長し続けた高度経済成長期が終焉を迎えた頃でした。

TOEIC®と言えば、Listeningが100問、Readingが100問、計200問を2時間で解答し、最低10点から最高990点のスケールで英語力を評価する試験というのが、多くの学生や社会人の認識ですね。事実、2005年までTOEIC®は、ListeningとReadingだけでした。2006年になって初めて、Speaking力とWriting力を審査するTOEIC®が誕生しました。前者がTOEIC® Listening & Reading Test (TOEIC® L&R)、そして後者がTOEIC® Speaking & Writing Tests (TOEIC® S&W) と呼ばれるようになりました。

TOEIC® S&Wが始まって10年以上経ちますが、受験者数はL&Rの年間250万人に対し、S&Wはわずか4万人程度。まだ、学習者や教育機関や企業などに、十分その存在や必要性が浸透していないように思われます。しかし、時代はSpeakingとWritingです。40年前に、より多くの日本人が国際ビジネスに携わることが期待され、ビジネス指向のTOEIC®が生まれました。現在はその時以上に、より多くの日本人がビジネスや社会活動で、英語を話し、英語を書くことが求められています。海外に進出している日本企業の総数 (拠点数) は、ここ10年だけでも2倍に増え、75,000拠点を超えています。国内でもグローバル化が急速に進んでいます。「理解する (L&R) 力」だけでなく、「発信する (S&W) 力」を評価し、育成するツールとして、TOEIC® S&Wの存在が今後重要になると思われます。

こうした社会状況をふまえ、大学や高校の英語教育に具体的なSpeaking/Writing指導のための教材を提供することが本書の目的です。「話す」、「書く」指導の順序や方法、目標の設定や評価などは、TOEIC® S&Wに対応する形で内容を整えました。したがって、この教材でのSpeaking/Writingの学習は、同時にTOEIC® S&Wの受験対策にもなります。具体的な数値目標をもって、近い将来「発信する」英語を目指し学習してください。語学の醍醐味は「使う」ことにあります。

本書の企画、編集、出版に当たっては、松柏社の永野啓子さんに大変お世話になりました。永野さんの英断がなければ、このタイミングで皆さんにこの教科書をお届けすることはできなかったでしょう。心より感謝申し上げます。

2020年春

松岡 昇　傍島 一夫

本書の構成と使い方

1. 本書の構成

　本書は全18 unitsで構成され、前半が「日常編」（Unit 1〜Unit 9）、後半が「ビジネス編」（Unit 1〜Unit 9）になっています。さらに、「日常編」と「ビジネス編」のそれぞれのUnit 1〜Unit 6が Speaking練習に、Unit 7〜Unit 9がWriting練習の内容になっています。また、それぞれのUnit 6 （意見を述べる）とUnit 9（意見を記述する）は、学習内容が多いため、Unit 6-1とUnit 6-2、Unit 9-1とUnit 9-2のように、それぞれ2回の授業でカバーするように組まれています（Contents参照）。

2. 本書の使い方

■ 1 unitを90分で

　本書は1 unitを90分の授業で完結するように作成してあります。Speaking練習とWriting練習を それぞれ以下の要領で学習しましょう。

事前学習	雪だるま式語彙テストに備える 例題練習をやってくる	雪だるま式語彙テストに備える 例題練習をやってくる
	Speaking練習	**Writing練習**
雪だるま式語彙テスト	日本語→英語で5問 出題範囲：Unit 1から当日の unitまで	日本語→英語で5問 出題範囲：Unit 1から当日の unitまで
Vocabulary	答の確認 Pair Practice	答の確認 Pair Practice
Step 1：例題練習	解答（録音） 評価 要領	解答（タイプ、または手書き） 評価 要領
Step 2：練習	練習	練習
Step 3：実践練習	解答（録音） 評価 事後練習	解答（タイプ、または手書き） 評価 事後練習

■事前学習

90分の授業を効果的、効率的に進めるため、事前に宿題として次の2つを行う。

1) Vocabularyに解答し、「雪だるま式語彙テスト」に備える。

2) 例題練習の問題に解答する。解答例は巻末に掲載してあります。

■「雪だるま式語彙テスト」

即座に思いついて使える語彙を増やすため、毎回授業の最初に語彙テストを行います。Vocabularyセクションから5問、口頭で日本語が与えられ、それを英語にして書きます。出題範囲はunitが進むごとに広がります。Unit 3のときには、Unit 1からUnit 3の範囲で5問出題され、Unit 5のときには、Unit 1からUnit 5の範囲で5問出題されます。こうすることで「今週の語彙は今週覚えて、来週には忘れている」ことを防止し、毎週、雪だるまのように、学習が進むごとに語彙も大きくしていきます。

■Speakingの録音

実際のTOEIC® S&WのSpeakingセクションでは、受験者がヘッドセット（マイク付きヘッドホーン）を使って自分の答を録音します。この授業でも、同様に自分のスピーチを録音します。教室のパソコンを利用して、あるいは、スマートフォンなどを持参し、録音できる用意をしてください。答の評価とリビューに使います。

■Writingのタイプ

実際のTOEIC® S&WのWritingセクションでは、受験者がパソコンにキーボードで答をタイプします。タイプする技術はWritingに必須です。教室のパソコンを利用して、あるいは、個人のパソコンを持参するなどして、極力、キーボードで解答するようにしてください。パソコンが使用できない場合には、教科書の解答欄に手書きで解答してください。

TOEIC® S&Wについて

TOEIC® S&Wは9セクションから出題される合計19問に80分で答える試験。前半がSpeakingで後半がWriting です。それぞれのセクションは下の表のように構成されています。各セクションに採点スケールが設けられており、各スケールの合計を元にSpeaking, Writing それぞれ0-200点のスコアに変換されます。すべてパソコンを使用し、音声を吹き込む、または文章を入力する形で解答します（表左端のunit番号は本書が構成上設けたものであり、TOEIC® S&Wで使われているものではありません）。

Speaking Test（20分）11問						
Unit	問題番号	問題種類	問題数	準備時間	解答時間	スケール
1	Q1-2	音読	2問	各45秒	各45秒	0-3
2	Q3	写真描写	1問	45秒	45秒	0-3
3	Q4-6	応答	3問	3秒	15秒 または30秒	0-3
4	Q7-9	提示された情報に基づく応答	3問	45秒	15秒 または30秒	0-3
5	Q10	解決策を提案する	1問	45秒	60秒	0-5
6	Q11	意見を述べる	1問	30秒	60秒	0-5

Writing Test（60分）8問					
Unit	問題番号	問題種類	問題数	解答時間	スケール
7	Q1-5	写真描写	5問	5問で8分	0-3
8	Q6-7	Eメール作成	2問	各10分	0-4
9	Q8	意見を記述する	1問	30分	0-5

Speaking

1 音読問題（Q1-2）

　アナウンスや広告、ナレーションなどの英文を音読する問題です。パソコンの画面に指示文が表示され、また音声でも流れます。その後課題文が表示されます。45秒間準備した後音読します。制限時間は45秒です。同じ要領で2問実施されます。なお準備時間、解答時間共に残り時間を知らせるタイマーが画面に表示されます。

2 写真描写問題（Q3）

　写真を見て内容を描写する問題です。パソコンの画面に指示文が表示され、また音声でも流れます。その後画面に写真が表示されます。45秒間準備をし、45秒間でできるだけ詳しく描写します。準備時間、解答時間共に残り時間を知らせるタイマーが画面に表示されます。

3 応答問題（Q4-6）

　同じトピックに関する3つの質問に即答する問題です。パソコンの画面に状況についての説明が表示され、また音声でも流れます。その後、その状況に関連した質問が画面に表示され、読み上げられます。質問が読み上げられビープ音が鳴ったらすぐに解答します。同じ要領で3問実施されます。Q4、5は15秒で、Q6は30秒で答えます。画面に残り時間を知らせるタイマーが表示されます。

4 提示された情報に基づく応答問題（Q7-9）

　与えられた情報を見ながら、質問者に必要な情報を提供する問題です。予定表やお知らせ、カタログなどの形で情報がパソコンの画面に表示されます。45秒間目を通して準備をします。その後、質問者が質問を3問読み上げます。Q7、8はそれぞれ15秒で、Q9は30秒で答えます。なお、情報は画面で確認できますが、設問は表示されません。準備時間、解答時間共に残り時間を知らせるタイマーが画面に表示されます。

5 解決策を提案する問題（Q10）

　留守電のメッセージなどを聞き、問題点を確認した後、それに対する解決策を提案する問題です。パソコンの画面に指示文が表示され、また音声でも流れます。その後、メッセージや対話が流れてきます。ただし、これは音声のみで画面には表示されません。続いて解答時の注意事項が表示されます。これに従って45秒間準備します。準備が終わったら解答を始めます。制限時間は60秒です。準備時間、解答時間共に残り時間を知らせるタイマーが画面に表示されます。

6 意見を述べる問題（Q11）

　あるテーマについて自分の意見を論理的に述べる問題です。パソコンの画面に指示文が表示され、また音声でも流れます。その後、テーマが表示され、音声も読み上げられます。30秒間で準備をし、その後60秒でテーマについて自分の意見を述べます。準備時間、解答時間共に残り時間を知らせるタイマーが画面に表示されます。

Writing

⑦ 写真描写問題（Q1-5）

　パソコンの画面に表示される写真と提示される2つの単語を使って1文で写真を描写する問題です。解答は画面内に与えられたスペースに入力します。解答時間は8分で、時間内であればQ1-5を行き来しても構いませんが、8分以内に全問解答し終わっても次の問題には進めません。残り時間と語数の表示／非表示を選ぶことができます。

⑧ Eメール作成問題（Q6-7）

　パソコンの画面に表示されるEメールに対する返信のメールを作成する問題です。解答は画面内に与えられたスペースに入力します。解答時間は1問につき10分です。いったんQ7に移るとQ6には戻れません。また、20分の制限時間内に解答を終えても次の「意見を記述する問題」には進めません。残り時間と語数の表示／非表示を選ぶことができます。

⑨ 意見を記述する問題（Q8）

　与えられたテーマについて少なくとも300語以上で自分の意見を理由や例を示しながら論理的に記述する問題です。解答時間は30分でパソコンの画面内に与えられたスペースに入力します。残り時間と語数の表示／非表示を選ぶことができます。

Contents

Unit	Speaking	Writing		Can-do List	Page
			ビジネス編		
1	音読		聞き手に分かりやすい音読（発音、イントネーション）を身につける	・分かりやすく発音できる ・日本人の不得手とする子音（［r］、［v］など）やアクセントを正しく発音できる ・意味のまとまり（CHUNK）を意識し、適切なイントネーションで読める	62
2	写真描写		情景を具体的に分かりやすく描写する力を身につける	・情景にあった適切な語句を使い、全体と詳細をバランス良く描写できる ・情景を描写する構文（There is ... / You can see ... など）が使える ・主観的な印象（Probably, … / It looks … など）も加えることができる	67
3	応答		身近な話題に関する質問に素早く答える力を身につける	・簡単な質問に15秒間程度答えることができる ・意見や説明が求められる質問に30秒間程度答えることができる ・誰かと会話をしているかのように自然に話すことができる	71
4	提示された情報に基づく応答		資料を見て、それに関する質問に即答する力を身につける	・会議の議案や行事日程などの資料を即座に読んで理解できる ・資料に関係する質問に15秒間程度答えることができる ・資料に関する複数の質問に、要約して30秒間程度答えることができる	75
5	解決策を提案する		ボイスメッセージを聞いて、解決策を提案する力を身につける	・メッセージを聞き、相手の問題点や要求を正確に把握することができる ・把握した問題点や要求を整理して、口頭で確認することができる ・問題や要求に対し、解決策や提案を1分程度のメッセージとして提示できる	80
6-1	意見を述べる（その1）		あるテーマについて意見とその理由を述べる力を身につける	・自分の意見（賛成・反対・選択）を明確に述べることができる ・意見の理由を例や説明を添えて、論理的に述べることができる ・以上を1分程度のメッセージとして話すことができる	85
6-2	意見を述べる（その2）		あるテーマについて意見とその理由を述べる力を身につける	・自分の意見（賛成・反対）を明確に述べることができる ・意見の理由を例や説明を添えて、論理的に述べることができる ・以上を1分程度のメッセージとして話すことができる	89
7		写真描写	情景を具体的に分かりやすく1文で描写する力を身につける	・与えられた語句を使って、情景を1文で描写することができる ・文法的に正しい文が書ける ・自然な速度（1文を90秒）で書くことができる	93
8		Eメール作成	Eメールを作成する力を身につける	・Eメールを読み、要求されている内容を正しく理解できる ・Eメールの要件に一貫した論理構成で適切な返信メールが書ける ・Eメールの受信、返信を10分程度で行うことができる	100
9-1		意見を記述する（その1）	あるテーマについて意見とその理由を記述する力を身につける	・自分の意見（賛成・反対）を明確に記述することができる ・意見の理由を具体的な例や説明を添えて、論理的に記述できる ・以上を30分間で300語以上の文章にまとめることができる	106
9-2		意見を記述する（その2）	あるテーマについて意見とその理由を記述する力を身につける	・自分の意見（賛成・反対）を明確に記述することができる ・意見の理由を具体的な例や説明を添えて、論理的に記述できる ・以上を30分間で300語以上の文章にまとめることができる	110
巻末資料					114

日常編

ビジネス編

事前学習

Vocabulary 1に解
答し、日本語から英
語訳が瞬時にできる
ように繰り返し練習
する。

CAN-DO

このUNITでは、聞き手に分かりやすい音読（発音、イントネーション）を身につける。

☐ 分かりやすく発音できる
☐ 日本人の不得手とする子音（[r]、[v]など）やアクセントを正しく発音できる
☐ 意味のまとまり（CHUNK）を意識し、適切なイントネーションで読める

雪だるま式語彙テスト

結果 ／5

Vocabulary 1から5問（日本語 → 英語）

Vocabulary 1

🔊 Audio① 02

1 日本語と英語の音声をヒントに空所を埋めましょう。

1. 18世紀末期 ＿＿＿＿＿＿ 18th century

2. 華やかな外装 gorgeous ＿＿＿＿＿＿

3. すぐに目をひく instantly ＿＿＿＿＿＿ the eye

4. 外見にだまされる be ＿＿＿＿＿＿ by appearances

5. ビックリする be ＿＿＿＿＿＿

6. ホテルはちょうどリフォームされたところです。 The hotel has just been ＿＿＿＿＿＿ .

7. 近代的な機器 ＿＿＿＿＿＿ ＿＿＿＿＿＿

8. 最新鋭の ＿＿＿＿＿＿-of-the-＿＿＿＿＿＿

9. …するめったにない機会 ＿＿＿＿＿＿ ＿＿＿＿＿＿ to ...

10. 野生の環境で in a ＿＿＿＿＿＿ environment

11. このツアーの特徴のひとつ one of the ＿＿＿＿＿＿ of this tour

12. かなり早めに予約する book ＿＿＿＿＿＿ in advance

13. 修繕作業 ＿＿＿＿＿＿ work

14. …以下と言うことにご留意下さい Please ＿＿＿＿＿＿ that ...

15. この件に関する質問 questions ＿＿＿＿＿＿ this matter

2 Vocabulary 1をペアで瞬時に「日本語→英語」にできるよう練習しましょう。

A：日本語（開本）→ **B**：英語（閉本）、2分間でAとBを交代する

STEP 1 　例題練習　まずは例題をもとに以下の練習をしましょう。

1 　「音読」（評価とレビューのために録音する）　🔊 Audio① 03

・英文（実際の試験ではパソコンの画面に表示される）を音読する。

準備時間	音読時間
45秒	**45秒**

The Kent is the most historic hotel in town. It was built in late 18th century, and its gorgeous exterior instantly catches the eye. However, do not be fooled by appearances. Prepare to be amazed when you step into the building. The hotel has just been renovated, and all the rooms now offer modern equipment including state-of-the-art flat-screen TVs, electronic air cleaners and, of course, free Wi-Fi. The hotel is just a short walk from shopping, entertainment and other attractions in town.

2 　評価　🔊 Audio① 04

モデルの音声と自己の録音された音読を聞き、下の採点表で自己評価しよう。

採点：⓪「全くできていない」、①「1/3程度できている」、②「2/3程度できている」、③「ほぼできている」

発　音	採　点
❶ 子音で終わる語末、子音と子音の間に不要な母音を加えない。	⓪ ① ② ③
❷ 語アクセントの位置を正しく発音する。	⓪ ① ② ③
❸ [r] と [l]、[b] と [v]、[h] と [f]、[s] と [Θ]、[z] と [ð] を正しく区別する。	⓪ ① ② ③

イントネーション	採　点
❶ 意味のまとまり（CHUNK）ごとに正しく区切って読む。	⓪ ① ② ③
❷ 意味上重要な語句は強く、冠詞や前置詞などは弱く発音する。	⓪ ① ② ③
❸ 「形容詞＋名詞」は基本的に「弱＋強」で発音する。	⓪ ① ② ③

3 　「音読」の要領

・ややゆっくり（1秒に2語）分かりやすく発音する。

・自然なイントネーションで読む。

・アナウンサーやナレーターになったつもりで読む。

・「採点表」の各項目に注意して読む。

1 発音

❶ 子音で終わる語末に不要な母音を加えないで発音しよう。

historic, hotel, built, late, step, building, equipment, including, electronic, just, short, walk, shopping, entertainment

❷ 子音と子音の間に不要な母音を加えないで発音しよう。

mo<u>st</u>, bui<u>lt</u>, in<u>st</u>antly, <u>pr</u>epare, equi<u>pm</u>ent, <u>fl</u>at-<u>scr</u>een, ele<u>ctr</u>onic, <u>fr</u>ee, <u>fr</u>om, <u>sh</u>opping, a<u>ttr</u>actions

❸ 語アクセントの位置を正しく発音しよう。

historic, hotel, exterior, instantly, appearances, amazed, renovated, electronic, entertainment, attractions

❹ [r] と [l]、[b] と [v]、[h] と [f]、[s] と [θ]、[z] と [ð] を正しく区別して発音しよう。

the, historic, century, late, however, fooled, renovated, rooms, flat, free, exterior, TVs, other

2 イントネーション

❶ 意味のまとまり（CHUNK）ごとに正しく区切って読もう。

例：Prepare to be amazed / when you step into the building.

例のように、例題の英文全体にスラッシュ（／）を入れて読む。

❷ 意味上重要な語句（名詞、動詞、形容詞、副詞、疑問詞、指示詞）は強く（高く）発音しよう。

例：Prepare to be amazed when you step into the building.

例のようにマーカーで印をつけて、例題の英文全体を読む。

※ 意味上比較的重要でない語句（冠詞、代名詞、助動詞、前置詞、関係詞、接続詞）は弱く（低く）発音。Prepare to be amazed when you step into the building.

❸「形容詞＋名詞」を「弱＋強」で発音しよう。

historic hotel, gorgeous exterior, modern equipment, free Wi-Fi, short walk

3 シャドーイングとオーバーラッピング

・モデルの音声を、英文を見ながらシャドーイングする。

・モデルの音声を、英文を見ながらオーバーラッピングする。

4 仕上げの音読（評価とレビューのために録音する）

・下の書き込みのない英文を見ながら再度音読しよう。

> The Kent is the most historic hotel in town. It was built in late 18th century, and its gorgeous exterior instantly catches the eye. However, do not be fooled by appearances. Prepare to be amazed when you step into the building. The hotel has just been renovated, and all the rooms now offers modern equipment including state-of-the-art flat-screen TVs, electronic air cleaners and of course free Wi-Fi. The hotel is just a short walk from shopping, entertainment and other attractions in town.

STEP 3　実践練習　TOEIC® S&Wの本番のつもりでチャレンジ！

1　「音読」（採点とレビューのために録音する）　　　　　　　　　　　　　　🔊 Audio① 05

Directions: Read aloud the following texts. You will have 45 seconds to prepare and then you will have 45 seconds to read each text aloud.

①Thank you for your interest in our tour. This tour offers you a rare opportunity to observe how various animals live in a wild environment. One of the features of this tour is that an expert on wildlife ecology will guide you as a tour conductor. It is held every weekend from May through September and starts at 8:30, lasting for three hours. We strongly recommend that you book well in advance since this is one of our most popular tours ever.

②We are sorry to announce that this facility will be closed for renovation work for about a month from Monday, May 20 to Sunday, June 19. Please note that no facilities in the building will be available during the renovation period. If you have any questions concerning this matter, please feel free to contact us any time either by phone or e-mail. We apologize for any inconvenience this might cause you. Thank you for your understanding and cooperation. We are looking forward to seeing you after the work is completed.

2　評価　　　　　　　　　　　　　　　　　　　　　　　　🔊 Audio① 06

モデルの音声と自己の録音された音読を聞き、下の採点表で自己評価しよう。

採点：⓪「全くできていない」、①「1/3程度できている」、②「2/3程度できている」、③「ほぼできている」

発　音	問題①	問題②
❶ 子音で終わる語末、子音と子音の間に不要な母音を加えない	⓪ ① ② ③	⓪ ① ② ③
❷ 語アクセントの位置を正しく発音する	⓪ ① ② ③	⓪ ① ② ③
❸ [r]と[l]、[b]と[v]、[h]と[f]、[s]と[θ]、[z]と[ð]を正しく区別する	⓪ ① ② ③	⓪ ① ② ③

イントネーション	問題①	問題②
❶ 意味のまとまり（CHUNK）ごとに正しく区切って読む	⓪ ① ② ③	⓪ ① ② ③
❷ 意味上重要な語句は強く、冠詞や前置詞などは弱く発音する	⓪ ① ② ③	⓪ ① ② ③
❸ 「形容詞＋名詞」は基本的に「弱＋強」で発音する	⓪ ① ② ③	⓪ ① ② ③
評価（採点の平均値）	⓪ ① ② ③	⓪ ① ② ③

3 事後練習

実践練習の問題を使い以下の練習をしよう。

・不確かな語句を辞書で調べる。

・内容を正確に理解する。

・発音とイントネーションに気をつけて音読する。

・モデルの音声を、英文を見ながらシャドーイングする。

・モデルの音声を、英文を見ないでシャドーイングする。

・最後にもう一度仕上げの音読をする。

CAN-DO

このUNITでは、情景を具体的に分かりやすく描写する力を身につける。

☐ 情景にあった適切な語句を使い、全体と詳細をバランス良く描写できる
☐ 情景を描写する構文 (There is ... / You can see ... など) が使える
☐ 主観的な印象 (Probably, ... / It looks ... など) も加えることができる

事前学習

Vocabulary 2に解答し、日本語から英語訳が瞬時にできるように繰り返し練習する。

雪だるま式語彙テスト

結果　　／5

Vocabulary 1〜2から5問 (日本語→英語)

Vocabulary 2

🔊 Audio① 07

1　日本語と英語の音声をヒントに空所を埋めましょう。

1. 皿洗いをする　＿＿＿＿＿＿ the dishes

2. 縦縞のエプロン　＿＿＿＿＿＿ apron

3. 半袖のシャツ　＿＿＿＿＿＿ - ＿＿＿＿＿＿ shirt

4. 窓の出っ張りの上に　on the window ＿＿＿＿＿＿

5. 植木鉢に入った植物　a ＿＿＿＿＿＿ in a ＿＿＿＿＿＿

6. 背景の隅に　at the ＿＿＿＿＿＿ in the ＿＿＿＿＿＿

7. 女性はひざまずいている。　The woman is ＿＿＿＿＿＿ .

8. ブラシで壁塗りをする　＿＿＿＿＿＿ the wall with a ＿＿＿＿＿＿

9. 背景に大きな窓もある。　There is also a big window at the ＿＿＿＿＿＿ .

10. 家具は見えない。　I don't see any ＿＿＿＿＿＿ .

11. 道の左側に　＿＿＿＿＿＿ the ＿＿＿＿＿＿ ＿＿＿＿＿＿ of the street

12. 白い鉄製の柵　white ＿＿＿＿＿＿ ＿＿＿＿＿＿

13. 全ての家はレンガ造りです。　All the houses are ＿＿＿＿＿＿ of ＿＿＿＿＿＿ .

14. 同じように見える　look ＿＿＿＿＿＿

15. 落ち葉　＿＿＿＿＿＿ leaves

2　Vocabulary 2をペアで瞬時に「日本語→英語」にできるよう練習しましょう。

A：日本語 (開本) → **B**：英語 (閉本)、2分間でAとBを交代する

STEP 1 例題練習 まずは例題をもとに以下の練習をしましょう。

1 「写真描写」（評価とレビューのために録音する）　　🔊 Audio① 08

・写真（実際の試験ではパソコンの画面に表示される）を描写する。

準備時間	解答時間
45秒	**45秒**

2 評価　　🔊 Audio① 09

解答例の音声とスクリプト（p. 114）を参照し、下の採点表で自己評価しよう。

採点：⓪「全くできていない」、①「1/3程度できている」、②「2/3程度できている」、③「ほぼできている」

発　音	聞いてすんなりと理解できる	⓪ ① ② ③
語　彙	適切な語彙を使っている	⓪ ① ② ③
文　法	正しく文が構成されている	⓪ ① ② ③
一貫性	写真の特徴が首尾一貫した形で（全体と詳細がバランス良く）描写されている	⓪ ① ② ③
評　価	上記4項目の平均値	⓪ ① ② ③

3 「写真描写」の要領

・語数の目安：80語（1秒に2語、5秒の余裕）

・センテンス数の目安：8文（1文10語）

・「全体から詳細」の順序で、あるいは「中心から周辺」の順序で描写する。

・「客観から主観」の順序で、また、情報量は「客観が主、主観が補」で。

STEP 2　「写真描写」の練習　例題に再チャレンジ！

下の文の空所を埋めながら、段階的に写真の内容を説明しよう。

1）全体（客観）を4文前後で描写

① This is a picture taken in _____ .

② There are _____ , a man and a woman.

③ The woman is _____ the dishes in front of a sink.

④ The man is _____ a coffee mug behind the woman.

2）詳細（主観）を4文前後で描写

⑤ She is wearing _____ and a short-sleeved shirt.

⑥ He is wearing _____ .

⑦ On the _____ , there is _____ in _____ .

⑧ In the corner in the _____ , you can see a _____ .

3）写真を見ながら、上の①～⑧がスムーズに言えるようになるまで練習する。

STEP 3　実践練習　TOEIC® S&Wの本番のつもりでチャレンジ！

1　写真描写 （評価とレビューのために録音する）　🔊 Audio① 10

Directions: Describe the pictures in as much detail as possible. You will have 45 seconds to prepare and then 45 seconds to speak about each picture.

1.

2.

2　評価　🔊 Audio① 11

解答例の音声とスクリプト（配布）を参照し、下の採点表で自己評価しよう。

採点：⓪「全くできていない」、①「1/3程度できている」、②「2/3程度できている」、③「ほぼできている」

		Question 1	Question 2
発　音	聞いてすんなりと理解できる	⓪ ① ② ③	⓪ ① ② ③
語　彙	適切な語彙を使っている	⓪ ① ② ③	⓪ ① ② ③
文　法	正しく文が構成されている	⓪ ① ② ③	⓪ ① ② ③
一貫性	写真の特徴が首尾一貫した形で（全体と詳細がバランス良く）描写されている	⓪ ① ② ③	⓪ ① ② ③
評　価	上記4項目の平均値	⓪ ① ② ③	⓪ ① ② ③

実践練習の写真を使い、空所を埋めながら段階的に写真の描写をしよう。

【写真1】

1）全体（客観）を4文で描写

① This is a picture taken in _____ .

② There are a _____ in front of _____ .

③ The man is _____ , and the woman is _____ .

④ They are both _____ the wall with _____ .

2）詳細（主観）を4文で描写

⑤ On the left side of the room, there is a _____ .

⑥ There is also a big _____ at the _____ .

⑦ I don't see any _____ in the room.

⑧ It looks like they are _____ doing their work.

3）写真1を見ながら、上の①〜⑧がスムーズに言えるようになるまで練習する。

【写真2】

1）全体（客観）を4文で描写

① This is a picture of a _____ .

② On the _____ side of the street, I can see some _____ .

③ There are a couple of _____ in _____ of the houses.

④ There is also a _____ parked _____ these two trees.

2）詳細（主観）を4文で描写

⑤ All the houses are built of _____ , and look similar.

⑥ They all have white iron _____ in front.

⑦ I can see a lot of fallen _____ on the street.

⑧ I think this picture was probably taken in _____ .

3）写真2を見ながら、上の①〜⑧がスムーズに言えるようになるまで練習する。

CAN-DO

このUNITでは、身近な話題に関する質問に素早く答える力を身につける。

事前学習

Vocabulary 3に解答し、日本語から英語訳が瞬時にできるように繰り返し練習する。

- ☐ 簡単な質問に15秒間程度答えることができる
- ☐ 意見や説明が求められる質問に30秒間程度答えることができる
- ☐ 誰かと会話をしているかのように自然に話すことができる

日常編

ビジネス編

雪だるま式語彙テスト

結果 ／5

Vocabulary 1～3から5問（日本語→英語）

Vocabulary 3

🔊 Audio① 12

1 　日本語と英語の音声をヒントに空所を埋めましょう。

1. 暇なときに何をしていますか？ What do you like to do in your _____ _____ ?

2. その趣味を始めてどれくらい？ How long is it since you _____ _____ that hobby?

3. 10歳辺りから　since I was ten _____ _____ .

4. ロミオとジュリエットに感動しました。 I was _____ by *Romeo and Juliet*.

5. それは時間と労力の無駄です。 It is a _____ _____ time and _____ .

6. それは…するのにはるかに健康的な方法です。 It's a _____ healthier way to ...

7. …に対する好影響　a _____ _____ on ...

8. もう一つの利点は… _____ _____ is that ...

9. …と友達になる　_____ _____ with ...

10. より迫力があります。 It is more _____ .

11. 音響の質ははるかにいいです。 The quality of the audio is a _____ better.

12. もう一つの利点は… _____ _____ is ...

13. どちらかと言えば映画は家で観たいです。 I'd _____ watch movies at home.

14. いつでも好きなときに　at _____ _____ I like

15. …より手頃な値段　a more _____ price than ...

2 　**Vocabulary 3をペアで瞬時に「日本語→英語」にできるよう練習しましょう。**

A：日本語（開本）→ **B**：英語（閉本）、2分間でAとBを交代する

STEP 1 例題練習　まずは例題をもとに以下の練習をしましょう。

1 「応答」（評価とレビューのために録音する）　🔊 Audio① 13

・音声と文字（実際の試験ではパソコンの画面に表示される）で設定と指示を理解する。

・指示に従って3つの質問に答える（実際の試験では、質問は1問ずつ画面に表示される）。

準備時間	解答時間
各問3秒	Q1とQ2は15秒、Q3は30秒

Imagine that an American research firm is doing research about free time activities. You have agreed to participate in a telephone interview.

Question 1：What do you like to do in your spare time?

Question 2：How long has it been since you took up that hobby?

Question 3：Which do you prefer, spending your free time at home or outdoors? Why?

2 評価　🔊 Audio① 14-19

解答例の音声とスクリプト（p. 114）を参照し、下の採点表で自己評価しよう。

採点：⓪「全くできていない」、①「1/3程度できている」、②「2/3程度できている」、③「ほぼできている」

		Question 1	Question 2	Question 3
発　音	聞いてすんなりと理解できる	⓪ ① ② ③	⓪ ① ② ③	⓪ ① ② ③
語　彙	適切な語彙を使っている	⓪ ① ② ③	⓪ ① ② ③	⓪ ① ② ③
文　法	正しく文が構成されている	⓪ ① ② ③	⓪ ① ② ③	⓪ ① ② ③
内　容	十分で適切な応答である	⓪ ① ② ③	⓪ ① ② ③	⓪ ① ② ③
評　価	上記4項目の平均値	⓪ ① ② ③	⓪ ① ② ③	⓪ ① ② ③

3 「応答」の要領

・Who / What / When / Where / How / Why のいずれが問われているのかを確認する。

・その疑問詞の問いを十分に満たす答えを簡潔に述べる。

・準備の時間はほとんどないため、即答する（3問目は考えながら話す）。

・1問目と2問目は1〜2文で答える。

・3問目は5文前後：「答え ＋ 理由（具体的な例や説明）＋ 結び」で答える。

1　解答例 (p. 114) から学ぶ

❶ Question 1の解答例1と2をヒントに、再度答を作る。必要に応じて辞書を引く（1〜2文）。

_____

_____

❷ Question 2の解答例1と2をヒントに、再度答を作る。必要に応じて辞書を引く（1〜2文）。

_____

_____

❸ Question 3の解答例1と2をヒントに、再度答を作る。必要に応じて辞書を引く（5文前後＝答え ＋ 説明・理由・例 ＋ 結び）。

_____

_____

_____

2　ペアの応答練習

Question1〜3をペア（質問者と解答者）で応答練習する。解答者は上に準備した答えを見ずに答える。パートナーを代えて、できるだけ多くの相手と練習しよう。

Question 1：What do you like to do in your spare time?

Question 2：How long has it been since you took up that hobby?

Question 3：Which do you prefer, spending your free time at home or outdoors? Why?

3　ペアの即答練習（15秒）

次の質問にペア（質問者と解答者）で即答練習をする。解答は15秒（1〜2文）。

❶ Do you go out often when you have free time?

❷ How many hobbies do you have?

❸ How do you usually spend your weekend?

❹ What did you do last weekend?

❺ What are your plans for the next weekend?

❻ Which do you prefer, spending time with your family or with your friends?

❼ How often do you rent DVDs?

❽ Which do you prefer, Japanese movies or Hollywood movies?

4　ペアの即答練習（30秒）

上の質問❶〜❽にペア（質問者と解答者）で即答練習をする。解答は30秒（5文前後）。

1　**応答**（評価とレビューのために録音する）　　　🔊 Audio① 20

Directions: Answer three questions. For each question, you will have 3 seconds before you begin responding. Then, you will have 15 seconds to answer Questions 1 and 2, and 30 seconds for Question 3.

Imagine that a British marketing firm is doing research about how people spend their free time in Japan. The interviewer is asking you about movies.

Question 1 : How often do you go to the movies?

Question 2 : What kind of movies do you like?

Question 3 : Which do you prefer, watching a movie at a theater or at home? Why?

2　**評価**　　　🔊 Audio① 21-26

解答例の音声とスクリプト（配布）を参照し、下の採点表で自己評価しよう。

採点：⓪「全くできていない」、①「1/3程度できている」、②「2/3程度できている」、③「ほぼできている」

		Question 1	Question 2	Question 3
発　音	聞いてすんなりと理解できる	⓪ ① ② ③	⓪ ① ② ③	⓪ ① ② ③
語　彙	適切な語彙を使っている	⓪ ① ② ③	⓪ ① ② ③	⓪ ① ② ③
文　法	正しく文が構成されている	⓪ ① ② ③	⓪ ① ② ③	⓪ ① ② ③
内　容	十分で適切な応答である	⓪ ① ② ③	⓪ ① ② ③	⓪ ① ② ③
評　価	上記4項目の平均値	⓪ ① ② ③	⓪ ① ② ③	⓪ ① ② ③

3　**事後練習**

実践練習の問題を使い以下の練習をしよう。

❶ Question 1の解答例1と2をヒントに、再度答を作る。必要に応じて辞書を引く（1～2文）。

❷ Question 2の解答例1と2をヒントに、再度答を作る。必要に応じて辞書を引く（1～2文）。

❸ Question 3の解答例1と2をヒントに、再度答を作る。必要に応じて辞書を引く（5文前後＝「答え＋理由（具体的な例や説明）＋結び」）。

❹ ペアを作り、書いたものを見ずにスムーズに答えられるようになるまで、Q&Aの練習をする。

事前学習

Vocabulary 4に解答し、日本語から英語訳が瞬時にできるように繰り返し練習する。

CAN-DO

このUNITでは、資料を見て、それに関する質問に即答する力を身につけます。

☐ 会議の議題や行事日程などの資料を即座に読んで理解できる
☐ 資料に関係する質問に15秒間程度答えることができる
☐ 資料に関する複数の質問に、要約して30秒間程度答えることができる

雪だるま式語彙テスト

結果 ／5

Vocabulary 1〜4から5問（日本語→英語）

Vocabulary 4

🔊 Audio① 27

1　日本語と英語の音声をヒントに空所を埋めましょう。

1.　協会／学会 _____

2.　主催者 _____

3.　参加者 _____

4.　最大10名 _____ 10 people

5.　申し込み締め切り _____ deadline

6.　ワークショップに申し込む _____ _____ a workshop

7.　ワークショップは全部で何時間続きますか？ How long will the _____ workshop _____ ?

8.　事前登録が必要です。 An _____ _____ is required.

9.　会合に登録する _____ _____ a meeting

10.　予め、前もって in _____

11.　定員 _____ limit

12.　それに続いて _____ that

13.　予約をしないといけませんか？ Do I have to _____ _____ reservation?

14.　ベイカーさんがこのセッションの担当者です。 Mr. Baker is in _____ of this session.

15.　金曜までに登録を終えないといけない。 You must _____ registration by Friday.

2　**Vocabulary 4をペアで瞬時に「日本語→英語」にできるよう練習しましょう。**

A：日本語（開本）→ **B**：英語（閉本）、2分間でAとBを交代する

1 「提示された情報に基づく応答」（評価とレビューのために録音する）　🔊 Audio① 28

・提示された情報を読む。

・3つの質問（音声のみ）に応答する。

準備時間	解答時間
45秒（各問3秒）	**Q1とQ2は15秒、Q3は30秒**

Magic Workshop for Beginners		
9:30 A.M.-2:00P.M. Sunday, June 24 at Smith Magic Institute, 20 Royal Street, Lewes		
Time	**Sessions**	**Instructors**
9:30-9:40	Opening Speech: The History of Magic	Alan Smith, organizer
9:40-9:50	Card Magic (Demonstration)	Peggy Brown
9:50-10:50	Practice Period	Peggy Brown
10:50-11:00	Coin Magic (Demonstration)	Bruce Wang
11:00-12:00	Practice Period	Bruce Wang
12:00-1:00	Lunch	
1:00-1:10	Rope Magic (Demonstration)	Paul Anderson
1:10-1:50	Practice Period	Paul Anderson
1:50-2:00	Closing Speech	Alan Smith

*Fees: $ 200 (includes lunch)　　*The number of participants: Maximum 10 people
*Application deadline: June 17

Listen：（Narrator）

Answer：Question 1；Question 2；Question 3

2 評価　🔊 Audio① 29-31

モデルの音声とスクリプト（p. 114）を参照し、下の採点表で自己評価しよう。

採点：⓪「全くできていない」、①「1/3程度できている」、②「2/3程度できている」、③「ほぼできている」

		Question 1	Question 2	Question 3
発　音	聞いてすんなりと理解できる	⓪ ① ② ③	⓪ ① ② ③	⓪ ① ② ③
語　彙	適切な語彙を使っている	⓪ ① ② ③	⓪ ① ② ③	⓪ ① ② ③
文　法	正しく文が構成されている	⓪ ① ② ③	⓪ ① ② ③	⓪ ① ② ③
内　容	資料に基づいた正確な応答である	⓪ ① ② ③	⓪ ① ② ③	⓪ ① ② ③
評　価	上記4項目の平均値	⓪ ① ② ③	⓪ ① ② ③	⓪ ① ② ③

3 「提示された情報に基づく応答」の要領

・パソコンの画面上の情報に素早く目を通す（45秒）。

・音声での質問に自然な英語で即答する。

・1問目と2問目は1～2文で答える。

・3問目は複数の情報に対し、5文前後で要約して答える。

STEP 2 「提示された情報に基づく応答」の練習

例題を使い、以下の練習をしよう。

Practice 1：例題の情報でさらに応答練習をする

・ペアで交互に応答する（15秒で）。

1) What kind of workshop is this?

2) It is held at 22 Royal Street, right?

3) I don't know anything about magic. Can I join the workshop?

4) By when do I have to apply for it?

5) Do we have a lunch break?

・ペアで交互に応答する（30秒で）。

6) How many kinds of magic can I learn?

7) When is the workshop held?

8) Who are the instructors?

9) Is it free to attend the workshop?

10) How long will the whole workshop last?

Practice 2：例題の情報をすべて説明する

・例題の情報を見ながら、そこに書かれている事柄をすべて口頭で説明する。

1) 書かれている語句に自分の言葉を加えて自然な文にする

例：There is going to be a magic workshop on ... It's a workshop for ...

2) 接続語を上手に使い、文と文を自然に繋げる

例：First, you will see ... / Following that ... / After that, ... / And then, ...

3) 個人で練習する

4) その後、ペア（A：話し手、B：聞き手）を作り、交互に伝え合う

1　「提示された情報に基づく応答」の練習（評価とレビューのために録音する）

Directions: Answer three questions based on the information provided. You will have 45 seconds to read the information before the questions begin. For each question, you will have 3 seconds before you begin responding. Then, you will have 15 seconds to answer Questions 1 and 2, and 30 seconds for Question 3.

ORIENTATION MEETINGS FOR OVERSEAS STUDY PROGRAM At: Shakespeare Hall						
Country	**Date**	**Hours**	**Room**	**Person in charge**	**Capacity**	**Registration deadline**
The U.S.	May 2	4:00-6:00	200	Adelia Jones	30	April 25
England	May 2	6:00-8:00	201	Bruce Baker	30	April 25
Australia	May 4	4:00-5:30	405	Sue Anderson	20	April 27
New Zealand	May 4	5:30-7:00	501	Paul Johnson	20	April 27

＊Advance registration is required.

Listen（Narrator）

Answer：Question 1；Question 2；Question 3

2　評価　🔊 Audio① 33-35

モデルの音声とスクリプト（配布）を参照し、下の採点表で自己評価しよう。

採点：⓪「全くできていない」、①「1/3程度できている」、②「2/3程度できている」、③「ほぼできている」

		Question 1	**Question 2**	**Question 3**
発　音	聞いてすんなりと理解できる	⓪ ① ② ③	⓪ ① ② ③	⓪ ① ② ③
語　彙	適切な語彙を使っている	⓪ ① ② ③	⓪ ① ② ③	⓪ ① ② ③
文　法	正しく文が構成されている	⓪ ① ② ③	⓪ ① ② ③	⓪ ① ② ③
内　容	資料の情報に正確な応答である	⓪ ① ② ③	⓪ ① ② ③	⓪ ① ② ③
評　価	上記4項目の平均値	⓪ ① ② ③	⓪ ① ② ③	⓪ ① ② ③

3　事後練習1

実践練習の問題を使い以下の練習をしよう。

・ペアで交互に応答する（15秒で）。

1) What kind of meetings are these?

2) When will the meetings be held?

3) Where will the meetings be held?

4) Who is going to talk about Australia program?

5) Are all the meetings held in the same room?

・ペアで交互に応答する（30秒で）。

1) How long does each meeting last?

2) How many countries are there to choose from?

3) You have a meeting session for Italy, don't you?

4) I must register for it in advance, right?

5) What is the enrollment limit for each meeting?

4　事後練習2

実践練習問題の情報をすべて説明しよう。

・情報を見ながら、そこに書かれている事柄をすべて口頭で説明する。

1) 書かれている語句に自分の言葉を加えて自然な文にする

　　例：There is going to be <u>orientation meetings</u> for ...

2) 接続語を上手に使い、文と文を自然に繋げる

　　例：First, you'll have ... / Second, ... / After that, ... / Then, ... / Finally, ...

3) 個人で練習する

4) その後、ペア（A：話し手、B：聞き手）を作り、交互に伝え合う

UNIT 5 💬 解決策を提案する

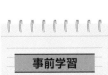

事前学習

Vocabulary 5に解答し、日本語から英語訳が瞬時にできるように繰り返し練習する。

CAN-DO

このUNITではボイスメッセージを聞いて、解決策を提案する力を身につけます。

☐ メッセージを聞き、相手の問題点や要求を正確に把握することができる
☐ 把握した問題点や要求を整理して、口頭で確認することができる
☐ 問題や要求に対し、解決策や提案を1分程度のメッセージとして提示できる

雪だるま式語彙テスト

結果 ／5

Vocabulary 1〜5から5問（日本語→英語）

Vocabulary 5

🔊 Audio①36

1 日本語と英語の音声をヒントに空所を埋めましょう。

1. 御社のパンフレットには…と書いてある　Your brochure _____ that ...

2. 参考図書を参照する　_____ to a reference book

3. 今までのところ　so _____

4. …についての苦情　_____ about ...

5. 彼女に直接話します。　I'll talk to her _____ _____ .

6. 彼女を誰か他の先生と交代させる　_____ her _____ some other teacher

7. どうしてもあなたの助けが必要です。　I _____ need your help.

8. 搭乗手続きを済ませる　_____ boarding _____

9. 私のスマホが見当たりません。　My smartphone is _____ .

10. 置き忘れられたスマホ　_____ smartphone

11. お手数をおかけしてすみません。　Sorry to _____ you.

12. あなたはスマホが見つからない。　You can't _____ your smartphone.

13. あなた宛てに転送します。　I will _____ it to you.

14. 携帯にメールします。　I'll _____ you.

15. 例外ではない　no _____

2 Vocabulary 5をペアで瞬時に「日本語→英語」にできるよう練習しましょう。

A：日本語（開本）→ **B**：英語（閉本）、2分間でAとBを交代する

1 解決策を提案する （評価とレビューのために録音する）　　🔊 Audio ① 37

・メッセージを聞いて、述べられている問題や要求を把握する。

・設定と応答の要件（実際の試験ではパソコンの画面に表示される）を読み、解決策や提案を述べる。

準備時間	解答時間
45秒	**60秒**

1) Now listen to the voice message.

2) Begin preparing now. **45 seconds**

Respond as if you are a staff member at a language school.

In your response, be sure to

・show that you recognize the problem

・propose a way of dealing with thc problem

3) Begin speaking now. **60 seconds**

2 評価　　🔊 Audio ① 38

解答例の音声とスクリプト（p. 115）を参照し、下の採点表で自己評価しよう。

・発音：聞いてすんなりと理解できる。

・語彙：適切な語彙を使っている。

・文法：正しく文が構成されている。

・内容：問題点と解決策が過不足なく適切に述べられている。

採点：⓪ ほぼできていない（10%未満）、① 一部できている（30%未満）、② 半分弱できている（50%未満）、③ 半分強できている（70%未満）、④ かなりできている（90%未満）、⑤ ほぼできている（90%以上）

	Question 1	Question 2	Question 3
発　音	⓪ ① ② ③ ④ ⑤	⓪ ① ② ③ ④ ⑤	⓪ ① ② ③ ④ ⑤
語　彙	⓪ ① ② ③ ④ ⑤	⓪ ① ② ③ ④ ⑤	⓪ ① ② ③ ④ ⑤
文　法	⓪ ① ② ③ ④ ⑤	⓪ ① ② ③ ④ ⑤	⓪ ① ② ③ ④ ⑤
内　容	⓪ ① ② ③ ④ ⑤	⓪ ① ② ③ ④ ⑤	⓪ ① ② ③ ④ ⑤
評　価（平均値）	⓪ ① ② ③ ④ ⑤	⓪ ① ② ③ ④ ⑤	⓪ ① ② ③ ④ ⑤

3 「解決策を提案する」要領

· ボイスメッセージを聞き、メモを取りながら問題（苦情・依頼）の要点をつかむ。

· メモを基に、準備時間45秒で解決策（提案）を考える。

· まず、問題の要点を確認したことを述べる（20秒程度）。

· 次に、解決策を述べる（30秒程度）。

· 最後に、締めくくる（10秒程度）。

STEP 2 「解決策を提案する」練習　　　　🔊 Audio ① 37-38

例題を使い、以下の練習をしよう。

Practice 1：問題を理解する練習

· 例題のボイスメッセージを聞いて、メモを取りながら、問題（苦情・依頼）を正確に聞き取る。

· スクリプトを見て自分の理解（メモ）を確認する。

Practice 2：問題の認識を伝える練習

· 例題の解答例の音声を聞いて、伝え方（構成）を確認する。

· 解答例のスクリプトから語句の使い方や表現の仕方を学ぶ。

　I understand that ...

　I'm very sorry to hear that ...

· 解答例をヒントに問題の認識を自分の言葉（挨拶 +2文前後）で伝えてみる。

Practice 3：解決策を提案する練習

· 例題の解答例の音声を聞いて、解決策の伝え方（構成）を確認する。

· 解答例のスクリプトから語句の使い方や表現の仕方を学ぶ。

　Here is my suggestion / Let me ... / I'll try to find out ...

　If necessary, ... / Maybe I can ...

· 解答例をヒントに解決策をふたつ、自分の言葉（それぞれ3文前後）で伝えてみる。

Practice 4：結びの言葉の練習

· 例題の解答例の音声を聞いて、結びの言葉を確認する。

· 解答例のスクリプトから語句の使い方や表現の仕方を学ぶ。

　Let me know ... / Again, I'm very sorry for ...

· 解答例をヒントに自分の言葉（2文前後 + 挨拶）で話を結んでみる。

Practice 5：例題練習に再挑戦

· ペア（A, B）を作り、例題練習に再挑戦する。

A: 出題者—スクリプトを見ながらボイスメッセージを読み上げる。

B: 解答者

1 「解決策を提案する」（評価とレビューのために録音する）　🔊 Audio①39

Directions: You will be presented with a problem and asked to propose a solution. You will have 45 seconds to prepare and then 60 seconds to speak. In your response, be sure to show that you recognize the problem, and propose a way of dealing with the problem.

1) Now listen to the voice message.

2) Begin preparing now. `45 seconds`

Respond as if you are a friend of Jenny, who left the voice message.

In your response, be sure to

・show that you recognize the problem

・propose a way of dealing with the problem

3) Begin speaking now. `60 seconds`

2 評価　🔊 Audio①40

解答例の音声とスクリプト（配布）を参照し、下の採点表で自己評価しよう。

・発音：聞いてすんなりと理解できる。

・語彙：適切な語彙を使っている。

・文法：正しく文が構成されている。

・内容：問題点と解決策が過不足なく適切に述べられている。

採点：⓪ ほぼできていない（10％未満）、① 一部できている（30％未満）、② 半分弱できている（50％未満）、③ 半分強できている（70％未満）、④ かなりできている（90％未満）、⑤ ほぼできている（90％以上）

	Question 1	Question 2	Question 3
発　音	⓪ ① ② ③ ④ ⑤	⓪ ① ② ③ ④ ⑤	⓪ ① ② ③ ④ ⑤
語　彙	⓪ ① ② ③ ④ ⑤	⓪ ① ② ③ ④ ⑤	⓪ ① ② ③ ④ ⑤
文　法	⓪ ① ② ③ ④ ⑤	⓪ ① ② ③ ④ ⑤	⓪ ① ② ③ ④ ⑤
内　容	⓪ ① ② ③ ④ ⑤	⓪ ① ② ③ ④ ⑤	⓪ ① ② ③ ④ ⑤
評　価（平均値）	⓪ ① ② ③ ④ ⑤	⓪ ① ② ③ ④ ⑤	⓪ ① ② ③ ④ ⑤

実践練習の問題を使い以下の練習をしよう。

Practice 1：問題を理解する練習

・ボイスメッセージを再度聞いて、メモを取りながら、問題（苦情・依頼）をもう一度正確に聞き取る。

・スクリプトを見て自分の理解（メモ）を再度確認する。

Practice 2：問題の認識を伝える練習

・解答例の音声を聞いて、伝え方（構成）を確認する。

・解答例のスクリプトから語彙・語句の使い方や表現の仕方を学ぶ。

　I heard your message ...

　I understand you ...

・解答例をヒントに問題の認識を自分の言葉（挨拶 + 2文前後）で伝えてみる。

Practice 3：解決策を提案する練習

・解答例の音声を聞いて、解決策の伝え方（構成）を確認する。

・解答例のスクリプトから語彙・語句の使い方や表現の仕方を学ぶ。

　First, I'll ... / Then, ... / I'll also ...

・解答例をヒントに解決策を自分の言葉（3文前後 × 2）で伝えてみる。

Practice 4：結びの言葉の練習

・解答例の音声を聞いて、結びの言葉を確認する。

・解答例のスクリプトから語彙・語句の使い方や表現の仕方を学ぶ。

　I'll text you / I hope ...

・解答例をヒントに自分の言葉（2文前後 + 挨拶）で話を結んでみる。

Practice 5: 実践練習に再挑戦

・ペア（A, B）を作り、実践練習に再挑戦する。

A: 出題者ースクリプトを見ながらボイスメッセージを読み上げる。

B: 解答者

UNIT 6-1 💬 意見を述べる (その1)

事前学習

Vocabulary 6 に解答し、日本語から英語訳が瞬時にできるように繰り返し練習する。

CAN-DO

このUNITでは、あるテーマについて意見とその理由を述べる力を身につけます。

- ☐ 自分の意見 (賛成・反対) を明確に述べることができる
- ☐ 意見の理由を例や説明を添えて、論理的に述べることができる
- ☐ 以上を1分程度のメッセージとして話すことができる

雪だるま式語彙テスト

結果	
	/5

Vocabulary 1〜6から5問 (日本語→英語)

Vocabulary 6

🔊 Audio①41

1 日本語と英語の音声をヒントに空所を埋めましょう。

1. 多くの外国人観光客を受け入れる _____ many foreign tourists

2. それは日本に多くの利益をもたらします。 This will _____ a lot of _____ to Japan.

3. 最近の観光ブーム _____ tourism _____

4. 明らかに、言うまでもなく _____

5. 日本の経済を再活性化する _____ the Japanese economy

6. 宿泊施設 _____

7. 輸送手段、運賃 _____

8. おみやげ _____

9. 珍しい光景 _____ sight

10. 最近、近頃 _____

11. …を促進するのに役立つ help to _____ ...

12. 異文化理解 _____-cultural understanding

13. 存在する問題 problems that _____

14. 外国人が…するのに良い機会 a good _____ for foreigners to ...

15. より多くの観光客を歓迎する _____ more tourists

2 Vocabulary 6をペアで瞬時に「日本語→英語」にできるよう練習しましょう。

A：日本語 (開本) → **B**：英語 (閉本)、2分間でAとBを交代する

---

1 **「意見を述べる」**（評価とレビューのために録音する）　📶 Audio①42

・音声と文字で与えられる質問に自分の意見（賛成・反対）を述べる。

準備時間	解答時間
30秒	**60秒**

1) Question（パソコンの画面に表示される）：

Some people say Japan should accept as many foreign tourists as possible. They believe this will bring a lot of benefits to our country. Do you agree or disagree? What is your opinion on this? Give reasons for your opinion.

2) Begin preparing now. 30 seconds

3) Begin speaking now. 60 seconds

---

2 **評価**　📶 Audio①43

解答例の音声とスクリプト（p. 115）を参照し、下の採点表で自己評価しよう。

採点：⓪ ほぼできていない（10%未満）、① 一部できている（30%未満）、② 半分弱できている（50%未満）、③ 半分強できている（70%未満）、④「かなりできている（90%未満）、⑤ ほぼできている（90%以上）

発　音	聞いてすんなりと理解できる	⓪ ① ② ③ ④ ⑤
語　彙	適切な語彙を使っている	⓪ ① ② ③ ④ ⑤
文　法	正しく文が構成されている	⓪ ① ② ③ ④ ⑤
内　容	意見（賛成・反対）とその理由が適切に述べられている	⓪ ① ② ③ ④ ⑤
評　価	上記4項目の平均値	⓪ ① ② ③ ④ ⑤

---

3 **「意見を述べる」要領**

・音声と文字で質問を素早く理解する。

・意見（賛成、反対、あるいは選択による自分の立場）を表明する。

・意見の理由を2つ考える（メモを取る）。

・具体的な例や説明を考える（メモを取る）。

・分かりやすい（平易な）英語で話す。

・語数の目安：120語前後（60秒 × 2語）

・センテンス数の目安：12文前後 ＝ 意見（2文）＋ 説明（4文 × 2）＋ 結び（2文）

例題を使い、以下の練習をしよう。

Practice 1：質問を理解する

・例題の音声と文字で、素早く質問を理解しよう（「2度読み」はしない）。

・文頭から音声と同時進行で質問内容を理解する習慣をつけよう。

Practice 2：解答例の応答から「意見を述べる」構成を学ぶ

解答例のスクリプト（p. 115）を読み、「意見」、「理由1」、「理由2」、「結び」の構成を確認しよう。

Practice 3：意見を表明する表現を学ぶ

・解答例のスクリプトを読み、「意見を表明する」表現を確認しよう。

・「賛成」、「反対」を表明する代表的な表現を覚えておこう。

意見（賛成）	意見（反対）
・I agree with ...	・I disagree with ...
・I agree that ...	・I disagree that ...
・I think it's a good idea.	・I don't think it's a good idea.

Practice 4：理由を述べる表現を学ぶ

・解答例のスクリプトを読み、意見の「理由を述べる」表現を確認しよう。

・代表的な表現を覚えておこう。

> ・First of all, ... / One of the reasons is ...
> ・Second, ... / Another reason is ...
> ・I think ... for the following reasons.
> ・... (It's) because ...

Practice 5：具体的な例や説明を示す表現を学ぶ

・解答例のスクリプトを読み、「具体的な例や説明」が示されている箇所を確認しよう。

・代表的な表現を覚えておこう。

> ・For example, ... / Here's an example.
> ・Take the case of ... / for example.
> ・Secondly, ...

Practice 6：結びの表現を学ぶ

・解答例のスクリプトを読み、「結び」の表現を確認しよう。

・代表的な表現を覚えておこう。

> ・So, for these reasons, ...
> ・In conclusion, ...
> ・So, all things considered, ...

Practice 7：例題練習に再挑戦

・「賛成の意見」を述べた人はもう一度「賛成の意見」を、「反対の意見」を述べた人はもう一度「反対の意見」を、下の表にメモを記入して考えを整えてから挑戦してみよう。

・その後に、今度は逆の立場（賛成 ⇄ 反対）でも意見を述べてみよう。

  1）表を見ながらペアで意見交換をする

    A：質問者（Questionを読む）

    B：話し手（自分の意見を述べる）

  2）表を見ずにペアで意見交換をする

    A：質問者（Questionを読む）

    B：話し手（自分の意見を述べる）

賛成の意見

	最初の一言	説明や例などのメモ
意　見		
理由1		
理由2		
結　び		

反対の意見

	最初の一言	説明や例などのメモ
意　見		
理由1		
理由2		
結　び		

UNIT 6-2 💬 意見を述べる (その2)

CAN-DO

このUNITでは、あるテーマについて意見とその理由を述べる力を身につけます。

☐ 自分の意見（賛成・反対）を明確に述べることができる
☐ 意見の理由を例や説明を添えて、論理的に述べることができる
☐ 以上を1分程度のメッセージとして話すことができる

雪だるま式語彙テスト

結果　／5

Vocabulary 1〜7から5問（日本語→英語）

Vocabulary 7

🔊 Audio①44

1　日本語と英語の音声をヒントに空所を埋めましょう。

1. …について懸念している　I am _____ about ...

2. …に対するマイナスの影響　_____ influences on ...

3. 母語　_____ language

4. …の点でまったく違っている　_____ different _____ ...

5. 文の構造、構文　sentence _____

6. AおよびBも、AもBも　A _____ _____ _____ B

7. 混乱する　get _____

8. と言うのも…なので　_____ ...

9. …のしっかりとした基礎がある　have _____ _____ of ...

10. 加えて、さらに　in _____

11. 私たち皆が…を必要としているわけではない　_____ _____ _____ of us needs ...

12. 言い換えると　in _____ _____

13. …不足　_____ of ...

14. 大したこと、大袈裟なこと　a big _____

15. 電子翻訳機能　_____ translation _____

2　Vocabulary 7をペアで瞬時に「日本語→英語」にできるよう練習しましょう。

A：日本語（開本）→ **B**：英語（閉本）、2分間でAとBを交代する

p. 34の「3.『意見を述べる』要領」を確認してから実践練習に挑戦しよう。

1　「意見を述べる」（評価とレビューのために録音する）　　🔊 Audio①45

Directions: Give your opinion about a specific topic. Be sure to say as much as you can in the time allowed. You will have 30 seconds to prepare and 60 seconds to speak.

1) Question: Do you agree or disagree with the following statement?

Early education is essential to improving one's English.

Use specific reasons or examples to support your answer.

2) Begin preparing now.　**30 seconds**

3) Begin speaking now.　**60 seconds**

2　評価　　🔊 Audio①46

解答例の音声とスクリプト（配布）を参照し、下の採点表で自己評価しよう。

採点：⓪ ほぼできていない（10％未満）、① 一部できている（30％未満）、② 半分弱できている（50％未満）、③ 半分強できている（70％未満）、④ かなりできている（90％未満）、⑤ ほぼできている（90％以上）

発　音	聞いてすんなりと理解できる	⓪ ① ② ③ ④ ⑤
語　彙	適切な語彙を使っている	⓪ ① ② ③ ④ ⑤
文　法	正しく文が構成されている	⓪ ① ② ③ ④ ⑤
内　容	意見（賛成・反対）とその理由が適切に述べられている	⓪ ① ② ③ ④ ⑤
評　価	上記4項目の平均値	⓪ ① ② ③ ④ ⑤

3　事後練習　　🔊 Audio① 45-46

実践練習の問題を使い、以下の練習をしよう。

Practice 1：質問の理解

・音声と文字で、素早く質問を理解しよう（「2度読み」はしない）。

・文頭から音声と同時進行で質問内容を理解する習慣をつけよう。

Practice 2：「意見を述べる」構成

解答例のスクリプト（配布）を読み、「意見」、「理由1」、「理由2」、「結び」の構成を確認しよう

Practice 3：意見を明らかにする表現

・解答例のスクリプトを読み、「意見を表明する」表現を確認しよう。

> ・I agree with ... / I disagree with ...
> ・I think ... / I don't think ...
> ・I think (you/we/they) should ...

Practice 4：理由を述べる表現

・解答例のスクリプトを読み、意見の「理由を述べる」表現を確認しよう。

・代表的な表現を再度確認しておこう。

> ・One of the reasons is ... / First, ...
> ・Second, ... / Another reason is ...
> ・In addition,

Practice 5：具体的な例や説明を示す表現

・解答例のスクリプトを読み、「具体的な例や説明」が示されている箇所を確認しよう。

・代表的な表現を再度確認しておこう。

> ・For example, ... / Here's an example.
> ・In other words,

Practice 6：結びの表現

・解答例のスクリプトを読み、「結び」の表現を確認しよう。

・代表的な表現を再度確認しておこう。

> ・So, for these reasons, ...
> ・In conclusion, ...
> ・So, all things considered, ...

Practice 7：実践練習に再挑戦

・賛成の人はもう一度「英語の早期教育に賛成」、反対の人はもう一度「英語の早期教育に反対」の立場で、下の表にメモを記入して考えを整えてから挑戦してみよう。

・その後に、今度は逆の選択でも意見を述べてみよう。

　1）表を見ながらペアで意見交換をする

　　　A：質問者（Questionを読む）

　　　B：話し手（自分の意見を述べる）

　2）表を見ずにペアで意見交換をする

　　　A：質問者（Questionを読む）

　　　B：話し手（自分の意見を述べる）

英語の早期教育に賛成

	最初の一言	理由（例、説明）
意　見		
理由1		
理由2		
結　び		

英語の早期教育に反対

	最初の一言	理由（例、説明）
意　見		
理由1		
理由2		
結　び		

UNIT 7 ✏️ 写真描写

事前学習

Vocabulary 8に解答し、日本語から英語訳が瞬時にできるように繰り返し練習する。

CAN-DO

このUNITでは、情景を具体的に分かりやすく1文で描写する力を身につける。

☐ 与えられた語句を使って、情景を1文で描写することができる
☐ 文法的に正しい文が書ける
☐ 自然な速度（1文を90秒）で書くことができる

日常編

ビジネス編

雪だるま式語彙テスト

結果 　　／5

Vocabulary 1〜8から5問（日本語→英語）

Vocabulary 8

🔊 Audio①47

1 日本語と英語の音声をヒントに空所を埋めましょう。

1. キリンに餌をやる ＿＿＿＿＿ a giraffe
2. テーブルに置かれた料理 food ＿＿＿＿＿ ＿＿＿＿＿ the table
3. 美味しそうに見える look ＿＿＿＿＿
4. 美味しそうに見える料理 ＿＿＿＿＿ - ＿＿＿＿＿ food
5. 輪になって in a ＿＿＿＿＿
6. 列になって待つ wait ＿＿＿＿＿ a ＿＿＿＿＿
7. 長い列の人々 a long ＿＿＿＿＿ of people
8. 花を生ける ＿＿＿＿＿ some flowers
9. 本が何冊か積み重ねられています。 Some books are ＿＿＿＿＿ up on top of ＿＿＿＿＿ .
10. 山積みにされた本があります。 There is a ＿＿＿＿＿ ＿＿＿＿＿ books.
11. 犬を散歩に連れて行く ＿＿＿＿＿ a dog
12. 犬を散歩に連れて行く ＿＿＿＿＿ a dog for a ＿＿＿＿＿
13. 日課 daily ＿＿＿＿＿
14. インスタグラムに載せる ＿＿＿＿＿ on Instagram
15. 靴の選択肢がたくさんあります。 There are many pairs of shoes to ＿＿＿＿＿ ＿＿＿＿＿ .

2 Vocabulary 8をペアで瞬時に「日本語→英語」にできるよう練習しましょう。

A：日本語（開本）→ **B**：英語（閉本）、2分間でAとBを交代する

1　「写真描写」

・写真を1文で描写する（実際の試験ではキーボードでタイプする）。

・与えられた2つの語句を使う。

・2つの語句の語順と形（動詞の形と名詞の単複）は変えてもよい。

> 解答時間
> **5問を8分**

Write your response under each photograph.（パソコン環境がない場合）

1.

hold / giraffe

2.

place / delicious

3.

volleyball / circle

4.

line / bus

5.

customer / arrange

日常編

ビジネス編

2 評価

モデルの文 (p. 115) を参照し、下の採点表で自己評価しよう。

- ・語　句：与えられた2つの語句を適切に使っている。
- ・文　法：文法的誤りがない。
- ・関連性：写真と関連する内容が記述されている。
- ・評　価：上記項目の平均

採点：⓪「全くできていない」、①「1/3程度できている」、②「2/3程度できている」、③「ほぼできている」

	写真1	写真2	写真3	写真4	写真5
語　句	⓪ ① ② ③	⓪ ① ② ③	⓪ ① ② ③	⓪ ① ② ③	⓪ ① ② ③
文　法	⓪ ① ② ③	⓪ ① ② ③	⓪ ① ② ③	⓪ ① ② ③	⓪ ① ② ③
関連性	⓪ ① ② ③	⓪ ① ② ③	⓪ ① ② ③	⓪ ① ② ③	⓪ ① ② ③
評　価	⓪ ① ② ③	⓪ ① ② ③	⓪ ① ② ③	⓪ ① ② ③	⓪ ① ② ③

3 「写真描写」の要領

- ・「2つの語句を使い」、「写真に基づいた」、「文法的に正しい1文」を書く。
- ・これらの条件を満たしていれば簡単な文でよい。
- ・写真全体を描写する必要はない。
- ・「5問を8分」→「1問を90秒ペース」で解く。

STEP 2 「写真描写」の練習　例題に再チャレンジ！

1（例）のように、2から5についてそれぞれ1文を完成させよう。2つの語句から2つのチャンク（複数の語による意味のまとまり）を作り、最後に1文を完成させる要領で。

	2つの語句から →	2つのチャンクを作る →	1文を完成させる
1 例	hold	hold his baby	The man is holding his baby and the woman is feeding the giraffe.
	giraffe	feed a giraffe	
2	place		
	delicious		
3	volleyball		
	circle		
4	line		
	bus		
5	arrange		
	customer		

1　写真描写

Directions: Write ONE sentence based on a picture. With each picture, two words or phrases are given which you must use in your sentence. You can change the forms and orders of the words. You have 8 minutes for five pictures.

Write your response under each photograph.（パソコン環境がない場合）

1.

books / pile

2.

walk / dog

3.

luggage / conveyor belt

4.

photo / put

5.

pair / choose

---

2 評価

モデルの文（配布）を参照し、下の採点表で自己評価しよう。

・語　句：与えられた2つの語句を適切に使っている。

・文　法：文法的誤りがない。

・関連性：写真と関連する内容が記述されている。

・評　価：上記項目の平均

採点：⓪「全くできていない」、①「1/3程度できている」、②「2/3程度できている」、③「ほぼできている」

	写真1	写真2	写真3	写真4	写真5
語　句	⓪ ① ② ③	⓪ ① ② ③	⓪ ① ② ③	⓪ ① ② ③	⓪ ① ② ③
文　法	⓪ ① ② ③	⓪ ① ② ③	⓪ ① ② ③	⓪ ① ② ③	⓪ ① ② ③
関連性	⓪ ① ② ③	⓪ ① ② ③	⓪ ① ② ③	⓪ ① ② ③	⓪ ① ② ③
評　価	⓪ ① ② ③	⓪ ① ② ③	⓪ ① ② ③	⓪ ① ② ③	⓪ ① ② ③

3 事後練習 実践練習問題に再チャレンジ

1から5について、再度それぞれ1文を完成させよう。2つの語句から2つのチャンク（複数の語による意味のまとまり）を作り、最後に1文を完成させる要領で。

	2つの語句から →	2つのチャンクを作る →	1文を完成させる
1	books		
	pile		
2	walk		
	dog		
3	luggage		
	conveyor belt		
4	photo		
	put		
5	pair		
	choose		

✏️ Eメール作成

事前学習

Vocabulary 9に解答し、日本語から英語訳が瞬時にできるように繰り返し練習する。

CAN-DO

このUNITでは、Eメールを作成する力を身につける。

- ☐ Eメールを読み、要求されている内容を正しく理解できる
- ☐ Eメールの要件に一貫した論理構成で適切な返信メールが書ける
- ☐ Eメールの受信、返信を10分程度で行うことができる

雪だるま式語彙テスト

結果 　 ／5

Vocabulary 1〜9から5問（日本語→英語）

Vocabulary 9

🔊 Audio①48

1 日本語と英語の音声をヒントに空所を埋めましょう。

1. お元気ですか？ I hope this e-mail _____ you well.

2. どんなアドバイスでも助かります。 Any kind of advice is _____ .

3. …を見つけるのに苦労する　have _____ _____ …

4. …をすることを勧める　I _____ that ...

5. こうすれば、この方法だと　That _____

6. 観光客で混雑している　_____ with tourists

7. いつでもお気軽にお問い合わせ下さい。 Please _____ _____ to ask me anytime.

8. …を喜んでお知らせします。　It is our _____ to announce that ...

9. …のご要望にお応えして　in _____ to requests from ...

10. 出張の予定です。 I'll be _____ on business.

11. 年払いする　pay _____

12. 期限切れになる前に　before it _____

13. 代金の差額を払い戻す　_____ the price difference

14. 海外のオフィスに転勤になる　be _____ to an overseas office

15. この機会に…していただけますか？ May I _____ this _____ to ask you to ...?

2 Vocabulary 9をペアで瞬時に「日本語→英語」にできるよう練習しましょう。

A：日本語（開本）→ **B**：英語（閉本）、2分間でAとBを交代する

STEP 1　例題練習　まずは例題をもとに以下の練習をしましょう。

1 「Eメール作成」

・表示されたEメール（実際の試験ではパソコンの画面に表示される）を読む。

・返信のEメールを書く。

解答時間
1問（読む+書く）**10分**

From	: Susie Ikeda
To	: Charlie Fernandez
Subject	: Can you help me?
Sent	: April 15, 8:15 p.m.

Hi, Charlie,

I hope this e-mail finds you well.

You lived in England for a few years to study English, right? Well, I'm planning to go to England and study English just like you but I haven't decided where in England I should go. Could you give me some information about the town you lived and the school you chose? Any kind of advice is appreciated.

Regards,

Susie

Direction: Respond to the e-mail as if you are Charlie Fernandez. In your e-mail, give THREE pieces of information.

Write your response here.（パソコン環境がない場合）

2 評価

解答例の文 (p. 116) を参照し、下の採点表で自己評価しよう。

採点：⓪「全くできていない」、①「1/4程度できている」、②「2/4程度できている」、③「3/4程度できている」、④「ほぼできている」

語 彙	適切な語彙を使っている	⓪ ① ② ③ ④
文 法	正しく文が構成されている	⓪ ① ② ③ ④
内 容	要件に対し一貫した論理性をもって記述がなされている	⓪ ① ② ③ ④
評 価	上記3項目の平均値	⓪ ① ② ③ ④

3 「メール作成」の要領

・画面に表示されたEメールを正確に理解する。

・与えられた設定と指示 (Directions) から要件 (2〜3点) を正確に把握する。

・適切な接続語を使い、一貫性のある文章にする。

・文章量の目安：70語 (5文) 〜150語 (10文)

・構成：前文 (1〜2文) ＋ 主文 (3〜6文) ＋ 末文 (1〜2文)

・返信先にふさわしい文体 (formal / informal) で書く。会社宛てなどのformalな場合は、短縮形やくだけた表現は避ける。

STEP 2 「Eメール作成」の練習

Practice 1：例題を使って以下を確認する

・表示されたEメールを正確に読む。

・返信の設定と指示から要件 (2〜3点) を把握する。

・解答例のEメールで一貫した論理構成 (前文、主文、末文) を確認する。

Practice 2：返信メールの語彙・表現を学ぶ

前文		・Hi,... / Hello, ... ・Thank you for your e-mail. ・That's great news.
主文	情報1	・Well, ... ・They offer many different courses ... ・So you won't have any trouble ...ing
	情報2	・I did a homestay ... ・I recommend that ...
	情報3	・a well-known ... ・It takes only an hour by ...
末文		・I hope this will be of some help to you. ・If you need further advice, please feel free to ask me anytime.

Practice 3：例題で作成した返信メールを書き換える

前文		
主文	情報1	
	情報2	
	情報3	
末文		

1 「Eメール作成」

Directions: Write a response to the e-mail. You will have 10 minutes to read and answer.

From : King Alfred Training Studio

To : All members

Subject : Personal lockers

Sent : March 10, 10:00 A.M.

Dear Members,

It is our pleasure to announce that in response to requests from many of our members, we are now ready to install additional rental lockers at our facility. The advance registration starts April 1st. If you would like to rent one, please contact the office directly for the details.

Adelia Armstrong

Chief Manager

King Alfred Training Studio

Direction: Respond to the e-mail as if you are one of the members. In your e-mail, ask TWO questions and make ONE request.

Write your response here. (パソコン環境がない場合)

_____

_____

_____

_____

_____

_____

_____

_____

_____

_____

2 評価

解答例の文（配布）を参照し、下の採点表で自己評価しよう。

採点：⓪「全くできていない」、①「1/4程度できている」、②「2/4程度できている」、③「3/4程度できている」、④「ほぼできている」

語　彙	適切な語彙を使っている	⓪ ① ② ③ ④
文　法	正しく文が構成されている	⓪ ① ② ③ ④
内　容	要件に対し一貫した論理性をもって記述がなされている	⓪ ① ② ③ ④
評　価	上記3項目の平均値	⓪ ① ② ③ ④

3 事後練習 実践練習問題に再チャレンジ

Practice 1：実践練習の問題を使って以下を確認する

・表示されたEメールを正確に読む。

・返信の設定と指示から要件（2〜3点）を把握する。

・解答例のEメールで一貫した論理構成（前文、主文、末文）を確認する。

Practice 2：返信メールの語彙・表現を学ぶ

前文		・Dear ...., / Thank you for your e-mail.
主文	Point 1 （質問1）	・There are a few things I'd like to ask you. ・Can I ...?
	Point 2 （質問2）	・Another question is ...
	Point 3 （要求）	・May I also take this opportunity to ...? ・I'd like to ask you to ... ・I'd appreciate it if you could ...
末文		・I look forward to your prompt reply. ・I look forward to hearing from you. ・Yours sincerely,

Practice 3：実践練習で作成した返信メールを書き換える

前文		
主文	Point 1 （質問1）	
	Point 2 （質問2）	
	Point 3 （要求）	
末文		

日常編

ビジネス編

事前学習

Vocabulary 10に解答し、日本語から英語訳が瞬時にできるように繰り返し練習する。

CAN-DO

このUNITでは、あるテーマについて意見とその理由を記述する力を身につけます。

☐ 自分の意見（賛成・反対）を明確に記述することができる
☐ 意見の理由を具体的な例や説明を添えて、論理的に記述できる
☐ 以上を30分間で300語以上の文章にまとめることができる

雪だるま式語彙テスト

結果　／5

Vocabulary 1〜10から5問（日本語→英語）

Vocabulary 10

🔊 Audio ① 49

1 日本語と英語の音声をヒントに空所を埋めましょう。

1. …を認める　_____ that ...

2. 実際の製品　_____ products

3. 思っていたこと、思っていたもの　what you had in _____

4. 色が微妙に違う　the color is _____ different

5. …を試着する　_____ ... on

6. …すべきかどうか迷っている　be in _____ _____ whether to ...

7. 従来の　_____

8. 有益で適切なアドバイス　useful and _____ advice

9. …の利便性を主張する　_____ the convenience of ...

10. 特権、恩恵　_____

11. 拒否する　_____

12. 非難する　_____

13. …にかなうものはない　You just can't _____ ...

14. 古き良き…　good _____ ...

15. 従来の店舗　_____-and-_____ shops

2 Vocabulary 10をペアで瞬時に「日本語→英語」にできるよう練習しましょう。

A：日本語（開本）→ **B**：英語（閉本）、2分間でAとBを交代する

STEP 1　例題練習　まずは例題をもとに以下の練習をしましょう。

1 「意見を記述する」

・パソコンの画面に表示される質問に自分の意見を記述する。

・300語以上で記述する。

解答時間
30分

Question（実際の試験ではパソコンの画面に表示される）:

> Many people these days do shopping online while there are still those who like to shop in the traditional way at shops. Which do you prefer? Give reasons or examples to support your opinion.

Write your response here.（パソコン環境がない場合）

_____

_____

_____

_____

_____

_____

_____

_____

_____

_____

_____

_____

_____

_____

_____

_____

_____

_____

2　評価

解答例の文（p. 116）を参照し、下の採点表で自己評価しよう。

採点：⓪ ほぼできていない（10％未満）、① 一部できている（30％未満）、② 半分弱できている（50％未満）、③ 半分強できている（70％未満）、④「かなりできている（90％未満）、⑤ ほぼできている（90％以上）

語　彙	適切な語彙を使っている	⓪ ① ② ③ ④ ⑤
文　法	正しく文が構成されている	⓪ ① ② ③ ④ ⑤
内　容	意見（賛成・反対）とその理由が適切に述べられている	⓪ ① ② ③ ④ ⑤
評　価	上記3項目の平均値	⓪ ① ② ③ ④ ⑤

3　「意見を記述する」要領

・質問を正確に読み取る。

・意見（賛成、反対、あるいは選択により自分の立場）を表明する。

・意見の理由を3つ考える（メモを取る）。

・具体的な例や説明を考える（メモを取る）。

・分かりやすい（平易な）英語で書く。

・語数：300語以上（20文以上：1文が平均15語と考える）

・文章の構成：意見（2文前後）＋ 説明（5文前後 × 3）＋ 結び（2文前後）

STEP 2　「意見を記述する」練習

例題を使い、以下の練習をしよう。

Practice 1：質問を理解する

・例題の質問を正確に読み取ろう。

Practice 2：例題の解答例から「意見を記述する」構成を学ぶ

・例題の解答例（p. 116）を読み、「意見」、「理由1」、「理由2」、「理由3」、「結び」の構成を確認しよう。

Practice 3：意見を表明する表現を学ぶ

・例題の解答例を読み、「意見を表明する」表現を確認しよう。

・「賛成」、「反対」を表明する代表的な表現を覚えておこう。

意見（賛成）	意見（反対）
・I agree with ... ・I agree that ... ・I think it's a good idea.	・I disagree with ... ・I disagree that ... ・I don't think it's a good idea.

Practice 4：理由を述べる表現を学ぶ

・例題の解答例を読み、意見の「理由を述べる」表現を確認しよう。

・代表的な表現を覚えておこう。

> ・I have three reasons for this. / I think ... for the following reasons.
> ・Firstly, ... / First of all / One of the reasons is ...
> ・Secondly, ... / Second, ... / Another reason is ...

Practice 5：具体的な例や説明を示す表現を学ぶ

・例題の解答例を読み、「具体的な例や説明」が示されている箇所を確認しよう。

・代表的な表現を覚えておこう。

> ・For example, ... / ..., for example. / ..., for example, ...
> ・Here's an example.
> ・Take the case of ..., for example.

Practice 6：結びの表現を学ぶ

・例題の解答例を読み、「結び」の表現を確認しよう。

・代表的な表現を覚えておこう。

> ・So, ... / So, all things considered, ...
> ・For the reasons I mentioned, ... / For these reasons, ...
> ・In conclusion, ...

Practice 7：例題練習に再挑戦

・下の表にメモを記入して考えを整えてから、①②の順で再度自分の意見を述べよう。

　① ペアで口頭による意見交換（英語、または日本語）

　② 記述する（ノート、またはパソコンに）

意　見	
理由1	
理由2	
理由3	
結　び	

事前学習

Vocabulary 11に解答し、日本語から英語訳が瞬時にできるように繰り返し練習する。

CAN-DO

このUNITでは、あるテーマについて意見とその理由を記述する力を身につけます。

☐ 自分の意見（賛成・反対）を明確に記述することができる

☐ 意見の理由を具体的な例や説明を添えて、論理的に記述できる

☐ 以上を30分間で300語以上の文章にまとめることができる

雪だるま式語彙テスト

結果 ／5

Vocabulary 1〜11から5問（日本語→英語）

Vocabulary 11

🔊 Audio①50

1 日本語と英語の音声をヒントに空所を埋めましょう。

1. 最初に思い浮かぶのは… The first thing that _____ to _____ is ...

2. …を意識する be _____ of ...

3. 電力消費の大きい家電 _____ - _____ appliances

4. リサイクル運動に貢献する _____ to the recycling _____

5. ごみを正しく分別する _____ trash correctly

6. ごみを処分する get _____ of trash

7. 諺にあるように As the saying _____

8. 石油消費量を減らす reduce oil _____

9. 交通手段 _____ of transportation

10. さらに良いのは _____ still

11. …と言えば _____ of ...

12. 要するに To _____ up

13. 進みつつある環境破壊 _____ environmental destruction

14. 小さくとるに足らない small and _____

15. 最終的に大きな違いを生む _____ _____ to a big difference

2 Vocabulary 11をペアで瞬時に「日本語→英語」にできるよう練習しましょう。

A：日本語（開本）→ **B**：英語（閉本）、2分間でAとBを交代する

p. 56の「3.『意見を記述する』要領」を確認してから実践練習に挑戦しよう。

1　「意見を記述する」

Directions: You will write an essay in response to a question that asks you to state, explain, and support your opinion on an issue. The essay should contain a minimum of 300 words. You will have 30 minutes to write it.

Question（実際の試験ではパソコンの画面に表示される）：

> Global environmental protection is now a big issue. What can you do to help prevent environmental destruction? State your opinion and give reasons or examples to support your opinion.

Write your response here.（パソコン環境がない場合）

2　評価

解答例の文（配布）を参照し、下の採点表で自己評価しよう。

採点:⓪「ほぼできていない（10%未満）」、①「一部できている（30%未満）」、②「半分弱できている（50%未満）」、③「半分強できている（70%未満）」、④「かなりできている（90%未満）」、⑤「ほぼできている（90%以上）」

語　彙	適切な語彙を使っている	⓪ ① ② ③ ④ ⑤
文　法	正しく文が構成されている	⓪ ① ② ③ ④ ⑤
内　容	意見とその具体例や説明が適切に述べられている	⓪ ① ② ③ ④ ⑤
評　価	上記3項目の平均値	⓪ ① ② ③ ④ ⑤

3　事後練習

実践練習の問題を使い以下の練習をしよう。

Practice 1：質問の理解

・実践練習の質問を正確に読み取ろう。

Practice 2：「意見を記述する」構成

・実践練習の解答例（配布）を読み、「意見」、「説明1」、「説明2」、「説明3」、「結び」の構成を確認しよう。

Practice 3：「意見を表明する」表現

・実践練習の解答例を読み、「意見を表明する」表現を確認しよう。

・「意見」を表明する代表的な表現を再度確認しておこう。

> ・I think that ...
> ・I believe that ...
> ・I think it is a good idea to ...

Practice 4：「具体的な例や説明を示す」表現

・実践練習の解答例を読み、「具体的な例や説明」が示されている箇所を確認しよう。

・代表的な表現を再度確認しておこう。

> ・The first thing that comes to mind is to do ...
> ・Secondly, ...
> ・For example, S + V ... / S + V ..., for example.
> ・For instance, S + V ... / S +V ..., for instance.
> ・Another option is ...

Practice 5：「結び」の表現

・実践練習の解答例を読み、「結び」の表現を確認しよう。

・代表的な表現を再度確認しておこう。

> ・To sum up, ...
> ・In conclusion, ...

Practice 6：実践練習に再挑戦

・下の表にメモを記入して考えを整えてから、①②の順で再度自分の意見を述べよう。

　① ペアで口頭による意見交換（英語、または日本語で）

　② 記述する（ノート、またはパソコンに）

意　見	
理由1	
理由2	
理由3	
結　び	

CAN-DO

このUNITでは、聞き手に分かりやすい音読（発音、イントネーション）を身につける。

☐ 分かりやすく発音できる
☐ 日本人の不得手とする子音（[r]、[v]など）やアクセントを正しく発音できる
☐ 意味のまとまり（CHUNK）を意識し、適切なイントネーションで読める

事前学習

Vocabulary 12に解答し、日本語から英語訳が瞬時にできるように繰り返し練習する。

雪だるま式語彙テスト

結果　　／5

Vocabulary 1〜12から5問（日本語→英語）

Vocabulary 12

🔊 Audio② 01

1 日本語と英語の音声をヒントに空所を埋めましょう。

1. 英語技能を上達させる　_____ your English language _____

2. 人々とコミュニケーションをする　_____ with people

3. 初心者、初級、中級、上級　_____ , elementary, _____ , advanced

4. 質の高いビデオレッスンと教材　_____ - _____ video lessons and _____

5. かつてないほど速く　faster than ever _____

6. 引きたての豆　freshly-ground _____

7. 組み込み式グラインダー　_____ - _____ grinder

8. コーヒーを入れる　_____ coffee

9. …にもかかわらず　_____ …

10. それはあまり場所を取らない。　It doesn't _____ up much space.

11. それは邪魔にならない。　It doesn't _____ in the _____ .

12. たとえ … でも　_____ if …

13. ロボットの受付係　robot _____

14. 最新のロボット工学　the latest _____

15. 定型的な業務　_____ task

2 Vocabulary 12をペアで瞬時に「日本語→英語」にできるよう練習しましょう。

A：日本語（開本）→ **B**：英語（閉本）、2分間でAとBを交代する

1　「音読」（評価とレビューのために録音する）　　🔊 Audio② 02

・英文（実際の試験ではパソコンの画面に表示される）を音読する。

準備時間	音読時間
45秒	**45秒**

Do you want to improve your English language skills? Do you want to communicate with people around the world? Brian's English Square is ready to help you. It's an online English course, so you can take it anytime and anywhere. You can choose your course from six different levels: novice, elementary, pre-intermediate, intermediate, pre-advanced and advanced. With our high-quality video lessons and materials, you can improve your speaking and writing faster than ever before. For more information, visit our website at www.briansenglish.com.

2　評価　　🔊 Audio② 03

モデルの音声と録音された音読を聞き、下の採点表で自己評価しよう。

採点：⓪「全くできていない」、①「1/3程度できている」、②「2/3程度できている」、③「ほぼできている」

発　音	採　点
❶ 子音で終わる語末、子音と子音の間に不要な母音を加えない。	⓪ ① ② ③
❷ 語アクセントの位置を正しく発音する。	⓪ ① ② ③
❸ [r] と [l]、[b] と [v]、[h] と [f]、[s] と [θ]、[ʐ] と [ð] を正しく区別する。	⓪ ① ② ③

イントネーション	採　点
❶ 意味のまとまり（CHUNK）ごとに正しく区切って読む。	⓪ ① ② ③
❷ 意味上重要な語句は強く、冠詞や前置詞などは弱く発音する	⓪ ① ② ③
❸ 「形容詞＋名詞」は基本的に「弱＋強」で発音する	⓪ ① ② ③

評価（採点の平均値）	⓪ ① ② ③

3　「音読」の要領

・ややゆっくり（1秒に2語）分かりやすく発音する。

・自然なイントネーションで読む。

・アナウンサーやナレーターになったつもりで読む。

・「採点表」の各項目に注意して読む。

STEP 2 「音読」の練習

1 発音

❶ 子音で終わる語末に不要な母音を加えないで発音しよう

want, around the world, help you, take it anytime and anywhere, visit, at

❷ 子音と子音の間に不要な母音を加えないで発音しよう

improve, skills, help, advanced, speaking, website

❸ 語アクセントの位置を正しく発音しよう

improve, communicate, novice, elementary, intermediate, advanced, quality, materials

❹ [r] と [l]、[b] と [v]、[h] と [f]、[s] と [θ]、[z] と [ð] を正しく区別して発音しよう

improve, language, with, around the world, ready, online, different levels, novice, advanced, video lessons, materials, writing, faster than ever before, visit our website

2 イントネーション

❶ 意味のまとまり（CHUNK）ごとに正しく区切って読もう

例：Do you want to improve / your English language skills?

例のように、例題の英文全体にスラッシュ（／）を入れて読む

❷ 意味上重要な語句（名詞、動詞、形容詞、副詞、疑問詞、指示詞）は強く（高く）発音しよう

例：Do you want to improve your English language skills?

例のようにマーカーで印をつけて、例題の英文全体を読む。

※ 意味上比較的重要でない語句（冠詞、代名詞、助動詞、前置詞、関係詞、接続詞）は弱く（低く）
発音。Do you want to improve your English language skills?

❸ 「形容詞＋名詞」を「弱＋強」で発音しよう

English course, different levels

3 シャドーイング

・モデルの音声を、英文を見ながらシャドーイングする。

・モデルの音声を、英文を見ないでシャドーイングする。

4 仕上げの音読 （レビューのために録音する）

・下の書き込みのない英文を見ながら再度音読しよう。

Do you want to improve your English language skills? Do you want to communicate with people around the world? Brian's English Square is ready to help you. It's an online English course, so you can take it anytime and anywhere. You can choose your course from six different levels: novice, elementary, pre-intermediate, intermediate, pre-advanced and advanced. With our high-quality video lessons and materials, you can improve your speaking and writing faster than ever before. For more information, visit our website at www.briansenglish.com.

1 「音読」（評価とレビューのために録音する） 🔊 Audio② 04

Directions: Read aloud the following texts. You will have 45 seconds to prepare and then you will have 45 seconds to read each text aloud.

①If you want to enjoy coffee from freshly-ground beans, our coffee maker, the GB-19, is your perfect choice. It has a built-in grinder, so you can automatically brew coffee from freshly-ground coffee beans. With its mesh filter, you don't need paper filters any more. You can wash and use it over and over again. Despite having a built-in grinder, the GB-19 is very compact. It doesn't take up much space and won't get in the way even if you place it on a desk in your room or office.

②Aiko Hinomoto is a robot receptionist created with our latest robotics and AI technology. She can welcome visitors at a company reception desk and handle simple routine tasks. For example, if you have an appointment, just tell her your name and who you're meeting. Then she'll let the staff member know of your arrival. Aiko can currently communicate in Japanese and 14 other languages, including English, Chinese, Korean, Vietnamese and most major European languages.

2 評価 🔊 Audio② 05

モデルの音声と録音された音読を聞き、下の採点表で自己評価しよう。

採点：⓪「全くできていない」、①「1/3程度できている」、②「2/3程度でさている」、③「はばできている」

発 音	問題①	問題②
❶ 子音で終わる語末、子音と子音の間に不要な母音を加えない	⓪ ① ② ③	⓪ ① ② ③
❷ 語アクセントの位置を正しく発音する	⓪ ① ② ③	⓪ ① ② ③
❸ [r]と[l]、[b]と[v]、[h]と[f]、[s]と[θ]、[z]と[ð]を正しく区別する	⓪ ① ② ③	⓪ ① ② ③
イントネーション	問題①	問題②
❶ 意味のまとまり（CHUNK）ごとに正しく区切って読む	⓪ ① ② ③	⓪ ① ② ③
❷ 意味上重要な語句は強く、冠詞や前置詞などは弱く発音する	⓪ ① ② ③	⓪ ① ② ③
❸「形容詞＋名詞」は基本的に「弱＋強」で発音する	⓪ ① ② ③	⓪ ① ② ③
評価（採点の平均値）	⓪ ① ② ③	⓪ ① ② ③

3　事後練習

実践練習の問題を使い以下の練習をしよう。

・不確かな語句を辞書で調べる。

・内容を正確に理解する。

・発音とイントネーションに気をつけて音読する。

・モデルの音声を、英文を見ながらシャドーイングする。

・モデルの音声を、英文を見ないでシャドーイングする。

・最後にもう一度仕上げの音読をする。

CAN-DO

このUNITでは、情景を具体的に分かりやすく描写する力を身につける。

☐ 情景にあった適切な語句を使い、全体と詳細をバランスよく描写できる
☐ 情景を描写する構文（There is ... / You can see ... など）が使える
☐ 主観的な印象（Probably, ... / It looks ... など）も加えることができる

事前学習

Vocabulary 13に解答し、日本語から英語訳が瞬時にできるように繰り返し練習する。

雪だるま式語彙テスト

結果 ／5

Vocabulary 1〜13から5問（日本語→英語）

Vocabulary 13

🔊 Audio② 06

1 日本語と英語の音声をヒントに空所を埋めましょう。

1. テーブルの周りに何人かの人がいる。 There are _____ people _____ the table.

2. テーブル越しに _____ the table

3. そのほかの人たちはイスに座っている。 The _____ people are sitting _____ the chairs.

4. テーブルの上にノートパソコンがある。 There is a _____ on the table.

5. 背景には in the _____

6. ホワイトボードのようなものが見える。 You can _____ something _____ a whiteboard.

7. 彼らは名刺を交換している。 They are exchanging _____ cards.

8. 窓から外の景色が見える。 You can see an _____ view _____ the window.

9. これは会議室の写真だ。 This is a picture of a _____ room.

10. 彼女は部屋の前（部）に立っている。 She is standing in the _____ of the room.

11. 彼女の前に聴衆がいる。 There is an _____ in front of her.

12. 聴衆の人たちは着席している。 _____ members are _____ .

13. 彼女はプレゼンをしている。 She is _____ a presentation.

14. 彼女は画面にスライドを写している。 She is showing a slide on a _____ .

15. グラフを指し示す _____ at graphs

2 Vocabulary 13をペアで瞬時に「日本語→英語」にできるよう練習しましょう。

A：日本語（開本）→ **B**：英語（閉本）、2分間でAとBを交代する

例題練習 まずは例題をもとに以下の練習をしましょう。

1 「写真描写」（評価とレビューのために録音する）

🔊 Audio② 07

・写真（実際の試験ではパソコンの画面に表示される）を描写する。

準備時間	解答時間
45秒	**45秒**

2 評価

🔊 Audio② 08

解答例の音声とスクリプト（p. 117）を参照し、下の採点表で自己評価しよう。

採点：⓪「全くできていない」、①「1/3程度できている」、②「2/3程度できている」、③「ほぼできている」

発　音	聞いてすんなりと理解できる	⓪ ① ② ③
語　彙	適切な語彙を使っている	⓪ ① ② ③
文　法	正しく文が構成されている	⓪ ① ② ③
一貫性	写真の特徴が首尾一貫した形で（全体と詳細がバランスよく）描写されている	⓪ ① ② ③
評　価	上記4項目の平均値	⓪ ① ② ③

3 「写真描写」の要領

・語数の目安：80 語（1秒に 2 語、5秒の余裕）

・センテンス数の目安：8文（1文10 語）

・「全体から詳細」の順序で、あるいは「中心から周辺」の順序で描写する。

・「客観から主観」の順序で、また、情報量は「客観が主、主観が補」で。

STEP 2　「写真描写」の練習　例題に再チャレンジ！

下の文の空所を埋めながら、段階的に写真の内容を説明しよう。

1）全体（客観）を4文前後で描写

① This is a picture of ＿＿＿＿＿＿＿＿ in an office.

② There are ＿＿＿＿＿＿＿ , men and women, ＿＿＿＿＿ the table.

③ Two of the men are ＿＿＿＿＿ and ＿＿＿＿＿ hands ＿＿＿＿＿ the table.

④ The other people are sitting ＿＿＿＿＿＿＿＿ and looking at them.

2）詳細（主観）を4文前後で描写

⑤ They are all ＿＿＿＿＿ and look ＿＿＿＿＿ .

⑥ On the table, there are ＿＿＿＿ , a tablet, pens, ＿＿＿＿ and ＿＿＿＿＿ .

⑦ In the ＿＿＿＿＿＿＿ , you can see something like a ＿＿＿＿＿＿ .

⑧ Probably, they have made a ＿＿＿＿＿ .

3）写真を見ながら、上の①～⑧がスムーズに言えるようになるまで練習する。

STEP 3　実践練習　TOEIC® S&Wの本番のつもりでチャレンジ！

1　写真描写（評価とレビューのために録音する）　📻 Audio② 09

Directions: Describe the pictures in as much detail as possible. You will have 45 seconds to prepare and then 45 seconds to speak about each picture.

1.

2.

2　評価　📻 Audio② 10

解答例の音声とスクリプト（配布）を参照し、下の採点表で自己評価しよう。

採点：⓪「全くできていない」、①「1/3程度できている」、②「2/3程度できている」、③「ほぼできている」

		Question 1	Question 2
発　音	聞いてすんなりと理解できる	⓪ ① ② ③	⓪ ① ② ③
語　彙	適切な語彙を使っている	⓪ ① ② ③	⓪ ① ② ③
文　法	正しく文が構成されている	⓪ ① ② ③	⓪ ① ② ③
一貫性	写真の特徴が首尾一貫した形で（全体と詳細がバランスよく）表現されている	⓪ ① ② ③	⓪ ① ② ③
評　価	上記4項目の平均値	⓪ ① ② ③	⓪ ① ② ③

実践練習の写真を使い、空所を埋めながら段階的に写真を描写しよう。

【写真1】

1）全体（客観）を4文で描写

① This is a picture of _____ .

② You can see _____ , two _____ and a _____ , _____ a desk.

③ One of the _____ and the _____ are exchanging _____ .

④ He is _____ and looks _____ .

2）詳細（主観）を4文で描写

⑤ Probably, they are _____ for the first time.

⑥ On the _____ , you can see a _____ , notebooks and a pen.

⑦ In the background, there is a large _____ .

⑧ You can see an _____ view down below _____ the window.

3）写真1を見ながら、上の①～⑧がスムーズに言えるようになるまで練習する。

【写真2】

1）全体（客観）を4文で描写

① This is a picture of a _____ room.

② You can see a _____ standing in the _____ and an _____ in front of her.

③ The woman is giving a _____ .

④ She is _____ something, _____ a slide on the _____ on the wall.

2）詳細（主観）を4文で描写

⑤ The audience members are _____ separately at small _____ .

⑥ Some of them have _____ on their tables.

⑦ Two are sharing a _____ .

⑧ The _____ is speaking, pointing at _____ on the display.

3）写真2を見ながら、上の①～⑧がスムーズに言えるようになるまで練習する。

UNIT 3  応答

CAN-DO

このUNITでは、身近な話題に関する質問に素早く答える力を身につける。

事前学習

Vocabulary 14に解答し、日本語から英語訳が瞬時にできるように繰り返し練習する。

- ☐ 簡単な質問に15秒間程度答えることができる
- ☐ 意見や説明が求められる質問に30秒間程度答えることができる
- ☐ 誰かと会話をしているかのように自然に話すことができる

雪だるま式語彙テスト

結果 ／5

Vocabulary 1〜14から5問（日本語→英語）

Vocabulary 14

🔊 Audio②11

1 日本語と英語の音声をヒントに空所を埋めましょう。

1. あなたの長所は何ですか。 What are your _____ ?

2. あなたの短所は何ですか。 What are your _____ ?

3. 私は経済学部の2年生です。 I'm a _____ year, majoring in _____ .

4. 大企業はたいてい比較的給料がいい。 Large companies _____ pay _____ .

5. 比較的いい生活を送ることが期待できる。 You can _____ to live a _____ life.

6. それは大変だけどその方が楽しい。 It's _____ but more _____ .

7. 週に3日バイトをしています。 I work _____ _____ three days a week.

8. 給料にちょっと不満です。 I'm not really _____ about the _____ .

9. 私はサービス産業で働きたい。 I want to work in the service _____ .

10. 社交的、誠実、積極的、責任感が強い _____ , _____ , active, responsible

11. 熱心、我慢強い、恥ずかしがり、静か _____ , patient, _____ , quiet

12. 私は友達を作るのが得意です。 I'm _____ at _____ friends.

13. 職場でよい人間関係をつくる build good _____ at _____

14. 相互の信頼を築く develop our _____ trust

15. コミュニケーションをしっかり取る have good _____

2 Vocabulary 14をペアで瞬時に「日本語→英語」にできるよう練習しましょう。

A：日本語（開本）→ **B**：英語（閉本）、2分間でAとBを交代する

1　**「応答」**（評価とレビューのために録音する）　🔊 Audio②12

・音声と文字（実際の試験ではパソコンの画面に表示される）で設定と指示を理解する。

・指示に従って3つの質問に答える（実際の試験では、質問は1問ずつ画面に表示される）。

準備時間	解答時間
各問3秒	**Q1とQ2は15秒、Q3は30秒**

> Imagine that an American research firm is doing research about work. You have agreed to participate in a telephone interview.

Question 1：What do you do?

Question 2：How do you like it?

Question 3：Which do you prefer, working in a large or small company? Why?

2　**評価**　🔊 Audio②13-18

解答例の音声とスクリプト（p. 117）を参照し、下の採点表で自己評価しよう。

採点：⓪「全くできていない」、①「1/3程度できている」、②「2/3程度できている」、③「ほぼできている」

		Question 1	**Question 2**	**Question 3**
発　音	聞いてすんなりと理解できる	⓪ ① ② ③	⓪ ① ② ③	⓪ ① ② ③
語　彙	適切な語彙を使っている	⓪ ① ② ③	⓪ ① ② ③	⓪ ① ② ③
文　法	正しく文が構成されている	⓪ ① ② ③	⓪ ① ② ③	⓪ ① ② ③
内　容	十分で適切な応答である	⓪ ① ② ③	⓪ ① ② ③	⓪ ① ② ③
評　価	上記4項目の平均値	⓪ ① ② ③	⓪ ① ② ③	⓪ ① ② ③

3　**「応答」の要領**

・Who / What / When / Where / Why / Howのいずれが問われているのかを確認する。

・その疑問詞の問いを十分に満たす答えを簡潔に述べる。

・準備の時間はほとんどないため、即答する（3問目は考えながら話す）。

・1問目と2問目は1〜2文で答える。

・3問目は5文前後：「答え ＋ 理由（具体的な例や説明）＋ 結び」で答える。

1 解答例 (p. 117) から学ぶ

❶ Question 1の解答例1と2をヒントに、再度答を作る。必要に応じて辞書を引く（1〜2文）。

_____

_____

❷ Question 2の解答例1と2をヒントに、再度答を作る。必要に応じて辞書を引く（1〜2文）。

_____

_____

❸ Question 3の解答例1と2をヒントに、再度答を作る。必要に応じて辞書を引く（5文前後＝答え ＋ 説明・理由・例 ＋ 結び）。

_____

_____

_____

2 ペアの応答練習

Question1〜3をペア（質問者と解答者）で応答練習する。解答者は上に準備した答えを見ずに答える。パートナーを代えて、できるだけ多くの相手と練習しよう。

Question 1 : What do you do?

Question 2 : How do you like it?

Question 3 : Which do you prefer, working in a large or small company? Why?

3 ペアの即答練習（15秒）

次の質問にペア（質問者と解答者）で即答練習をする。解答は15秒（1〜2文）。

❶ Do you work part time?

❷ How many days a week do you work?

❸ What do you like most about your (part-time) job?

❹ What do you like least about your (part-time) job?

❺ What kind of job would you like to take in the future?

❻ Which do you prefer, working in a big city or in the country?

❼ How do you describe your personality?

❽ Which do you like better, working in a team or on your own?

4 ペアの即答練習（30秒）

上の質問❶〜❽にペア（質問者と解答者）で即答練習をする。解答は30秒（5文前後）。

1　応答（評価とレビューのために録音する）　　　🔊 Audio②19

Directions: Answer three questions. For each question, you will have 3 seconds before you begin responding. Then, you will have 15 seconds to answer Questions 1 and 2, and 30 seconds for Question 3.

Imagine that you are at a job interview. The recruiter is asking you about your personality.

Question 1: What are your strengths?

Question 2: What are your weaknesses?

Question 3: What do you think is the best way to build good relationships?

2　評価　　　🔊 Audio② 20-25

解答例の音声とスクリプト（配布）を参照し、下の採点表で自己評価しよう。

採点：⓪「全くできていない」、①「1/3程度できている」、②「2/3程度できている」、③「ほぼできている」

		Question 1	Question 2	Question 3
発　音	聞いてすんなりと理解できる	⓪ ① ② ③	⓪ ① ② ③	⓪ ① ② ③
語　彙	適切な語彙を使っている	⓪ ① ② ③	⓪ ① ② ③	⓪ ① ② ③
文　法	正しく文が構成されている	⓪ ① ② ③	⓪ ① ② ③	⓪ ① ② ③
内　容	十分で適切な応答である	⓪ ① ② ③	⓪ ① ② ③	⓪ ① ② ③
評　価	上記4項目の平均値	⓪ ① ② ③	⓪ ① ② ③	⓪ ① ② ③

3　事後練習

実践練習の問題を使い、以下の練習をしよう。

❶ Question 1の解答例1と2をヒントに、再度答を作る。必要に応じて辞書を引く（1〜2文）。

❷ Question 2の解答例1と2をヒントに、再度答を作る。必要に応じて辞書を引く（1〜2文）。

❸ Question 3の解答例1と2をヒントに、再度答を作る。必要に応じて辞書を引く（5文前後＝「答え ＋ 理由（具体的な例や説明）＋ 結び」）。

❹ ペアを作り、書いたものを見ずにスムーズに答えられるようになるまで、Q&Aの練習をする。

UNIT 4　💬 提示された情報に基づく応答

事前学習

Vocabulary 15に
解答し、日本語から
英語訳が瞬時にでき
るように繰り返し練
習する。

CAN-DO

このUNITでは、資料を見て、それに関する質問に即答する力を身につけます。

☐ 会議の議題や行事日程などの資料を即座に読んで理解できる
☐ 資料に関係する質問に15秒間程度答えることができる
☐ 資料に関する複数の質問に、要約して30秒間程度答えることができる

雪だるま式語彙テスト

結果　　　／5

Vocabulary 1〜15から5問（日本語→英語）

Vocabulary 15

🔊 Audio② 26

1　日本語と英語の音声をヒントに空所を埋めましょう。

1. 会場　_____

2. 本社／支社　_____ office / _____ office

3. 開会のあいさつ　opening _____

4. 市場分析と宣伝戦略　market _____ and _____ strategies

5. マーケティング部　marketing _____

6. 最新の議題　the most updated _____

7. 異文化間ビジネスコミュニケーション　_____ - _____ business communication

8. 国際会議場　international _____ center

9. 受付（登録）　_____

10. 異文化の気づき　_____ of cultural differences

11. 国際的にビジネスを行うための秘訣　_____ for doing business _____

12. 多国籍チームを管理する　manage a _____-_____ team

13. （討論会の）司会者と討論者　moderator and _____

14. 国籍の異なる人たち　people of different _____

15. ビジネス雑誌に広告されている　_____ in a business magazine

2　Vocabulary 15をペアで瞬時に「日本語→英語」にできるよう練習しましょう。

A：日本語（開本）→ **B**：英語（閉本）、2分間でAとBを交代する

1 「提示された情報に基づく応答」（評価とレビューのために録音する）　📶 Audio② 27

・提示された情報を読む。

・3つの質問（音声のみ）に応答する。

準備時間	解答時間
45秒（各問3秒）	**Q1とQ2は15秒、Q3は30秒**

Sales Managers' Monthly Meeting

Date:　　　Friday, October 10

Venue:　　Conference Room #705, Head Office Building, L. A.

Schedule: 9:00- 9:15 a.m.　　Opening Remarks

　　　　　　　　　　　　　- Jessica Smith, Vice-President

　　　　　 9:15-10:30 a.m.　　Monthly Sales Reports for September

　　　　　　　　　　　　　- Sales Managers from 6 Areas

　　　　　 (10:30-10:50 a.m.　Coffee Break)

　　　　　 10:50-11:30 a.m.　Market Analysis & Advertising Strategies

　　　　　　　　　　　　　- Ken Tanaka, Marketing Div.

　　　　　 11:30-12:00 p.m.　Overall Review

　　　　　　　　　　　　　- Daniel Brown, Managing Director

Listen：　(Narrator)

Answer：Question 1；Question 2；Question 3

2 評価　📶 Audio② 28-30

モデルの音声とスクリプト（p. 117）を参照し、下の採点表で自己評価しよう。

採点：⓪「全くできていない」、①「1/3程度できている」、②「2/3程度できている」、③「ほぼできている」

		Question 1	Question 2	Question 3
発　音	聞いてすんなりと理解できる	⓪ ① ② ③	⓪ ① ② ③	⓪ ① ② ③
語　彙	適切な語彙を使っている	⓪ ① ② ③	⓪ ① ② ③	⓪ ① ② ③
文　法	正しく文が構成されている	⓪ ① ② ③	⓪ ① ② ③	⓪ ① ② ③
内　容	資料に基づいた正確な応答である	⓪ ① ② ③	⓪ ① ② ③	⓪ ① ② ③
評　価	上記4項目の平均値	⓪ ① ② ③	⓪ ① ② ③	⓪ ① ② ③

・パソコンの画面上の情報に素早く目を通す（45秒）。

・音声での質問に自然な英語で即答する。

・1問目と2問目は1～2文で答える。

・3問目は複数の情報に対し、5文前後で要約して答える。

STEP 2 「提示された情報に基づく応答」の練習

例題を使い、以下の練習をしよう。

Practice 1：例題の情報でさらに応答練習をする

・ペアで交互に応答する（15秒で）。

  1) What kind of meeting is this?

  2) Where is the meeting held?

  3) What time will the meeting begin?

  4) What time will the meeting end?

  5) Is there a break in between?

・ペアで交互に応答する（30秒で）。

  6) We have the meeting on October 5, in the afternoon, right?

  7) Tell me about the schedule?

  8) When will we have a break?

  9) Who is going to attend the meeting?

  10) We have Mr. Tanaka as the first speaker, right?

Practice 2：例題の情報をすべて説明する

・例題の情報を見ながら、そこに書かれている事柄をすべて口頭で説明する。

  1) 書かれている語句に自分の言葉を加えて自然な文にする

    例：There is going to be a meeting for sales managers. It's scheduled for ...

  2) 接続語を上手に使い、文と文を自然に繋げる

    例：First, we'll have ... / Second, ... / After that, ... / Then, ... / Finally, ...

  3) 個人で練習する

  4) その後、ペア（A：話し手、B：聞き手）を作り、交互に伝え合う

1 「提示された情報に基づく応答」の練習 （評価とレビューのために録音する）

Directions: Answer three questions based on the information provided. You will have 45 seconds to read the information before the questions begin. For each question, you will have 3 seconds before you begin responding. Then, you will have 15 seconds to answer Questions 1 and 2, and 30 seconds for Question 3.

SEMINAR: Cross-cultural Business Communication		
DATE: November 18 (Fri.) VENUE: Boston International Convention Center, MA		
TIME	**TITLE**	**SPEAKER**
9:30-10:00	Registration & Coffee	
10:00-10:20	Opening Remarks	Erin Morgan (CEO of ICZ Int'l)
10:20-11:10	Lecture: Awareness of Cultural Differences	Prof. Justin Hall (Boston Univ.)
10:10-11:30	Break	
11:30-12:20	Lecture: Tips for Doing Business Internationally	John Powel (International business consultant)
12:20-1:30	Lunch	
1:30-3:00	Panel Discussion: How to Manage Multi-national Teams	Moderator: Dr. Ari Kumar (India) 5 Panelists from: Germany, US, France, Japan, Singapore

Listen (Narrator)

Answer：Question 1；Question 2；Question 3

2 評価　🔊 Audio② 32-34

モデルの音声とスクリプト（配布）を参照し、下の採点表で自己評価しよう。

採点：⓪「全くできていない」、①「1/3程度できている」、②「2/3程度できている」、③「ほぼできている」

		Question 1	**Question 2**	**Question 3**
発　音	聞いてすんなりと理解できる	⓪ ① ② ③	⓪ ① ② ③	⓪ ① ② ③
語　彙	適切な語彙を使っている	⓪ ① ② ③	⓪ ① ② ③	⓪ ① ② ③
文　法	正しく文が構成されている	⓪ ① ② ③	⓪ ① ② ③	⓪ ① ② ③
内　容	資料の情報に正確な応答である	⓪ ① ② ③	⓪ ① ② ③	⓪ ① ② ③
評　価	上記4項目の平均値	⓪ ① ② ③	⓪ ① ② ③	⓪ ① ② ③

3 事後練習1

実践練習の問題を使い以下の練習をしよう。

・ペアで交互に応答する（15秒で）。

1) What kind of seminar is this?

2) When and where is the seminar held?

3) How many lectures will you have?

4) What are the lectures about?

5) Is there a break in between?

・ペアで交互に応答する（30秒で）。

1) This is a seminar for university students, right?

2) Could you tell me about the program schedule?

3) You have two lecturers in the morning. What are their occupations?

4) You don't have any lectures after lunch, do we?

5) Who would you recommend this seminar to?

4 事後練習2

実践練習問題の情報をすべて説明しよう。

・情報を見ながら、そこに書かれている事柄をすべて口頭で説明する。

1) 書かれている語句に自分の言葉を加えて自然な文にする

　　例：There is going to be a seminar on the theme of "..."

2) 接続語を上手に使い、文と文を自然に繋げる

　　例：First, you'll have ... / Second, ... / After that, ... /Then, ... / Finally, ...

3) 個人で練習する

4) その後、ペア（A：話し手、B：聞き手）を作り、交互に伝え合う

解決策を提案する

事前学習

Vocabulary 16に解答し、日本語から英語訳が瞬時にできるように繰り返し練習する。

CAN-DO

このUNITではボイスメッセージを聞いて、解決策を提案する力を身につけます。

☐ メッセージを聞き、相手の問題点や要求を正確に把握することができる
☐ 把握した問題点や要求を整理して、口頭で確認することができる
☐ 問題や要求に対し、解決策や提案を1分程度のメッセージとして提示できる

雪だるま式語彙テスト

結果　　／5

Vocabulary 1〜16から5問（日本語→英語）

Vocabulary 16

🔊 Audio② 35

1 　日本語と英語の音声をヒントに空所を埋めましょう。

1. 今度のミーティングの進行役 _____ for the _____ meeting

2. 前回のミーティング _____ meeting

3. 参加者 _____

4. 代替の活動 _____ activities

5. 万一雨が降った場合に in _____ it rains

6. いい考えを思いついた。 I've _____ up _____ a good idea.

7. ちなみに、… _____ your _____ , ...

8. 敷地内に on the _____

9. ご協力ありがとうございます。 I _____ your _____ .

10. … については _____ for ...

11. 監督者、上司 _____

12. 何事を成すにも時間がかかる It takes time to _____ anything _____ .

13. 主な（大きな）原因 major _____

14. いくつか提案をする make some _____

15. 困ったときにはいつでもお電話ください。 Give me a call _____ you need help.

2 　Vocabulary 16をペアで瞬時に「日本語→英語」にできるよう練習しましょう。

A：日本語（開本）→ **B**：英語（閉本）、2分間でAとBを交代する

1 **解決策を提案する**（評価とレビューのために録音する）　　　🔊 Audio②36

・メッセージを聞いて、述べられている問題や要求を把握する。

・設定と応答の要件（実際の試験ではパソコンの画面に表示される）を読み、解決策や提案を述べる。

準備時間	解答時間
45秒	**60秒**

1）Now listen to the voice message.

2）Begin preparing now. `45 seconds`

Respond as if you are a member of the Company Recreation Committee.

In your response, be sure to

・show that you recognize the problem

・propose a way of dealing with the problem

3）Begin speaking now. `60 seconds`

2 **評価**　　　🔊 Audio②37

解答例の音声とスクリプト（p. 118）を参照し、下の採点表で自己評価しよう。

・発音：聞いてすんなりと理解できる。

・語彙：適切な語彙を使っている。

・文法：正しく文が構成されている。

・内容：問題点と解決策が過不足なく適切に述べられている。

採点：⓪ ほぼできていない（10%未満）、① 一部できている（30%未満）、② 半分弱できている（50%未満）、③ 半分強できている（70%未満）、④ かなりできている（90%未満）、⑤ ほぼできている（90%以上）

	Question 1	Question 2	Question 3
発　音	⓪ ① ② ③ ④ ⑤	⓪ ① ② ③ ④ ⑤	⓪ ① ② ③ ④ ⑤
語　彙	⓪ ① ② ③ ④ ⑤	⓪ ① ② ③ ④ ⑤	⓪ ① ② ③ ④ ⑤
文　法	⓪ ① ② ③ ④ ⑤	⓪ ① ② ③ ④ ⑤	⓪ ① ② ③ ④ ⑤
内　容	⓪ ① ② ③ ④ ⑤	⓪ ① ② ③ ④ ⑤	⓪ ① ② ③ ④ ⑤
評　価（平均値）	⓪ ① ② ③ ④ ⑤	⓪ ① ② ③ ④ ⑤	⓪ ① ② ③ ④ ⑤

日常編

ビジネス編

3 「解決策を提案する」要領

・ボイスメッセージを聞き、メモを取りながら問題（苦情・依頼）の要点をつかむ。

・メモを基に、準備時間45秒で解決策（提案）を考える。

・まず、問題の要点を確認したことを述べる（20秒程度）。

・次に、解決策を述べる（30秒程度）。

・最後に、締めくくる（10秒程度）。

STEP 2 「解決策を提案する」練習 　　　　🔊 Audio②36-37

例題を使い、以下の練習をしよう。

Practice 1：問題を理解する練習

・例題のボイスメッセージを聞いて、メモを取りながら、問題（苦情・依頼）を正確に聞き取る。

・スクリプトを見て自分の理解（メモ）を確認する。

Practice 2：問題の認識を伝える練習

・例題の解答例の音声を聞いて、伝え方（構成）を確認する。

・解答例のスクリプトから語句の使い方や表現の仕方を学ぶ。

　I heard your voice message ...

　I understand you want ...

・解答例をヒントに問題の認識を自分の言葉（挨拶 ＋ 2文前後）で伝えてみる。

Practice 3：解決策を提案する練習

・例題の解答例の音声を聞いて、解決策の伝え方（構成）を確認する。

・解答例のスクリプトから語句の使い方や表現の仕方を学ぶ。

　As for barbecue, I don't think ... / We could ...

　But as for soccer, we would have to ... / So, ...

・解答例をヒントに解決策を自分の言葉（3文前後 × 2）で伝えてみる。

Practice 4：結びの言葉の練習

・例題の解答例の音声を聞いて、結びの言葉を確認する。

・解答例のスクリプトから語彙・語句の使い方や表現の仕方を学ぶ。

　If I come up with better ideas, I'll call ... again.

　See you ... / Bye.

・解答例をヒントに自分の言葉（2文前後 ＋ 挨拶）で話を結んでみる。

Practice 5：例題練習に再挑戦

・ペア（A, B）を作り、例題練習に再挑戦する。

A: 出題者—スクリプトを見ながらボイスメッセージを読み上げる。

B: 解答者

1 　「解決策を提案する」（評価とレビューのために録音する）

Directions: You will be presented with a problem and asked to propose a solution. You will have 45 seconds to prepare and then 60 seconds to speak. In your response, be sure to show that you recognize the problem, and propose a way of dealing with the problem.

1) Now listen to the voice message.

2) Begin preparing now. **45 seconds**

Respond as if you are a friend of Jenny, who left the voice message.

In your response, be sure to

・show that you recognize the problem

・propose a way of dealing with the problem

3) Begin speaking now. **60 seconds**

2 　評価　　🔊 Audio②39

解答例の音声とスクリプト（配布）を参照し、下の採点表で自己評価しよう。

・発音：聞いてすんなりと理解できる。

・語彙：適切な語彙を使っている。

・文法：正しく文が構成されている。

・内容：問題点と解決策が過不足なく適切に述べられている。

採点：⓪ ほぼできていない（10％未満）、① 一部できている（30％未満）、② 半分弱できている（50％未満）、③ 半分強できている（70％未満）、④ かなりできている（90％未満）、⑤ ほぼできている（90％以上）

	Question 1	**Question 2**	**Question 3**
発　音	⓪ ① ② ③ ④ ⑤	⓪ ① ② ③ ④ ⑤	⓪ ① ② ③ ④ ⑤
語　彙	⓪ ① ② ③ ④ ⑤	⓪ ① ② ③ ④ ⑤	⓪ ① ② ③ ④ ⑤
文　法	⓪ ① ② ③ ④ ⑤	⓪ ① ② ③ ④ ⑤	⓪ ① ② ③ ④ ⑤
内　容	⓪ ① ② ③ ④ ⑤	⓪ ① ② ③ ④ ⑤	⓪ ① ② ③ ④ ⑤
評　価（平均値）	⓪ ① ② ③ ④ ⑤	⓪ ① ② ③ ④ ⑤	⓪ ① ② ③ ④ ⑤

実践練習の問題を使い以下の練習をしよう。

Practice 1：問題を理解する練習

・ボイスメッセージを再度聞いて、メモを取りながら、問題（苦情・依頼）をもう一度正確に聞き取る。

・スクリプトを見て自分の理解（メモ）を再度確認する。

Practice 2：問題の認識を伝える練習

・解答例の音声を聞いて、伝え方（構成）を確認する。

・解答例のスクリプトから語彙・語句の使い方や表現の仕方を学ぶ。

　I heard your message ...

　I'm sorry for you.

　I understand you ...

・解答例をヒントに問題の認識を自分の言葉（挨拶 ＋ 2文前後）で伝えてみる。

Practice 3：解決策を提案する練習

・解答例の音声を聞いて、解決策の伝え方（構成）を確認する。

・解答例のスクリプトから語彙・語句の使い方や表現の仕方を学ぶ。

　First, I suggest ... / This way, you'll ...

　My second idea is ... / You can ..., for example. / This, I'm sure, will help ...

・解答例をヒントに解決策を2つ、自分の言葉（それぞれ3文前後）で伝えてみる。

Practice 4：結びの言葉の練習

・解答例の音声を聞いて、結びの言葉を確認する。

・解答例のスクリプトから語句の使い方や表現の仕方を学ぶ。

　I hope ...

　Give me a call anytime ...

　Good luck!

・解答例をヒントに自分の言葉（2文前後 ＋ 挨拶）で話を結んでみる。

Practice 5: 実践練習に再挑戦

・ペア (A, B) を作り、実践練習に再挑戦する。

A: 出題者ースクリプトを見ながらボイスメッセージを読み上げる。

B: 解答者

CAN-DO

このUNITでは、あるテーマについて意見とその理由を述べる力を身につけます。

☐ 自分の意見（賛成・反対・選択）を明確に述べることができる
☐ 意見の理由を例や説明を添えて、論理的に述べることができる
☐ 以上を1分程度のメッセージとして話すことができる

事前学習

Vocabulary 17に解答し、日本語から英語訳が瞬時にできるように繰り返し練習する。

日常編

ビジネス編

雪だるま式語彙テスト

結果 ／5

Vocabulary 1〜17から5問（日本語→英語）

Vocabulary 17

🔊 Audio②40

1 日本語と英語の音声をヒントに空所を埋めましょう。

1. 私はアルバイトをしています。 I'm working _____ time.

2. それは学業を妨げるでしょう。 That will _____ schoolwork.

3. あなたは賛成ですか、反対ですか。 Do you agree or _____ ?

4. それとは逆に、… On the _____ , ...

5. 次のような理由で for the _____ reasons

6. 必ずしも … しない not _____ ...

7. … することは極めて可能です It's quite _____ to ...

8. 勉強と仕事は両立できます。 You can _____ study and work.

9. うまくやりくりして時間を作ります。 I'll _____ to make time.

10. それは単にお金のためだけではない。 It's not _____ for money.

11. … から多くを学ぶ _____ a lot of things _____ ...

12. 忍耐と責任が必要です。 You need _____ and _____ .

13. 年齢の違う人たち people of different _____

14. それはいい経験になります。 It will be a good _____ .

15. 学生に働くことを勧めます。 I _____ students to work.

2 Vocabulary 17をペアで瞬時に「日本語→英語」にできるよう練習しましょう。

A：日本語（開本）→ **B**：英語（閉本）、2分間でAとBを交代する

1　**「意見を述べる」**（評価とレビューのために録音する）　　🔊 Audio② 41

・音声と文字で与えられる質問に自分の意見（賛成・反対）を述べる。

準備時間	解答時間
30秒	**60秒**

1）Question（パソコンの画面に表示される）：

Some college students think they should not work part time. They believe working part time disturbs their schoolwork. Do you agree or disagree? What is your opinion on this? Give reasons for your opinion.

2）Begin preparing now. **30 seconds**

3）Begin speaking now. **60 seconds**

2　**評価**　　🔊 Audio② 42

解答例の音声とスクリプト（p. 118）を参照し、下の採点表で自己評価しよう。

採点：採点：⓪ ほぼできていない（10％未満）、① 一部できている（30％未満）、② 半分弱できている（50％未満）、③ 半分強できている（70％未満）、④ かなりできている（90％未満）、⑤ ほぼできている（90％以上）

発　音	聞いてすんなりと理解できる	⓪ ① ② ③ ④ ⑤
語　彙	適切な語彙を使っている	⓪ ① ② ③ ④ ⑤
文　法	正しく文が構成されている	⓪ ① ② ③ ④ ⑤
内　容	意見（賛成・反対）とその理由が適切に述べられている	⓪ ① ② ③ ④ ⑤
評　価	上記4項目の平均値	⓪ ① ② ③ ④ ⑤

3　**「意見を述べる」要領**

・音声と文字で質問を素早く理解する。

・意見（賛成、反対、あるいは選択による自分の立場）を表明する。

・意見の理由を2つ考える（メモを取る）。

・具体的な例や説明を考える（メモを取る）。

・分かりやすい（平易な）英語で話す。

・語数の目安：120語前後（60秒 × 2語）

・センテンス数の目安：12文前後 ＝ 意見（2文）＋ 説明（4文 × 2）＋ 結び（2文）

例題を使い、以下の練習をしよう。

Practice 1：質問を理解する

・例題の音声と文字で、素早く質問を理解しよう（「2度読み」はしない）。

・文頭から音声と同時進行で質問内容を理解する習慣をつけよう。

Practice 2：解答例の応答から「意見を述べる」構成を学ぶ

解答例のスクリプト（p. 118）を読み、「意見」、「理由1」、「理由2」、「結び」の構成を確認しよう。

Practice 3：意見を表明する表現を学ぶ

・解答例のスクリプトを読み、「意見を表明する」表現を確認しよう。

・「賛成」、「反対」を表明する代表的な表現を覚えておこう。

意見（賛成）	意見（反対）
・I agree with ...	・I disagree with ...
・I agree that ...	・I disagree that ...
・I think it's a good idea.	・I don't think it's a good idea.

Practice 4：理由を述べる表現を学ぶ

・解答例のスクリプトを読み、意見の「理由を述べる」表現を確認しよう。

・代表的な表現を覚えておこう。

> ・I think ... for the following reasons.
> ・First, ... / One of the reasons is ...
> ・Second, ... / Another reason is ...
> ・... (It's) because ...

Practice 5：具体的な例や説明を示す表現を学ぶ

・解答例のスクリプトを読み、「具体的な例や説明」が示されている箇所を確認しよう。

・代表的な表現を覚えておこう。

> ・For example, ... / ..., for example. / ..., for example, ...
> ・Here's an example.
> ・Take the case of ..., for example.

Practice 6：結びの表現を学ぶ

・解答例のスクリプトを読み、「結び」の表現を確認しよう。

・代表的な表現を覚えておこう。

> ・In conclusion, ...
> ・For these reasons, ...
> ・So, all things considered, ...

Practice 7：例題練習に再挑戦

・「賛成の意見」を述べた人はもう一度「賛成の意見」を、「反対の意見」を述べた人はもう一度「反対の意見」を、下の表にメモを記入して考えを整えてから挑戦してみよう。

・その後に、今度は逆の立場（賛成 ⇄ 反対）でも意見を述べてみよう。

1）表を見ながらペアで意見交換をする

　　A：質問者（Questionを読む）

　　B：話し手（自分の意見を述べる）

2）表を見ずにペアで意見交換をする

　　A：質問者（Questionを読む）

　　B：話し手（自分の意見を述べる）

賛成の意見

	最初の一言	説明や例などのメモ
意　見		
理由1		
理由2		
結　び		

反対の意見

	最初の一言	説明や例などのメモ
意　見		
理由1		
理由2		
結　び		

日常編

ビジネス編

CAN-DO

このUNITでは、あるテーマについて意見とその理由を述べる力を身につけます。

☐ 自分の意見（賛成・反対）を明確に述べることができる
☐ 意見の理由を例や説明を添えて、論理的に述べることができる
☐ 以上を1分程度のメッセージとして話すことができる

事前学習

Vocabulary 18に解答し、日本語から英語訳が瞬時にできるように繰り返し練習する。

雪だるま式語彙テスト

結果 ／5

Vocabulary 1〜18から5問（日本語→英語）

Vocabulary 18

🔊 Audio②43

1 日本語と英語の音声をヒントに空所を埋めましょう。

1. 会社員 _____

2. 彼は海外支社に転勤させられた。 He was _____ to an _____ office.

3. それを好む人もいれば、また、嫌う人もいる。 _____ like it while _____ hate it.

4. 単身で引っ越す（移転する） _____ alone

5. 2人子どもがいるとします。 _____ you have two children.

6. 小学生の子どもたち _____ school children

7. 彼女は常勤で働いています。 She works _____ time.

8. 家族と会えなくて寂しい。 I _____ my family.

9. 私はむしろ…したい。 I would _____ ....

10. 学校の仲のいい友達と別れる _____ from good friends _____ school

11. 彼らは混乱するでしょう。 They would be _____ .

12. 新しい、異なった言語と文化 new, different _____ and _____

13. 彼女は仕事をやめたくない。 She doesn't want to give up her _____ .

14. 総合的に考えると、… All things _____ , ...

15. 他に選択肢はありません。 There's no other _____ .

2 Vocabulary 18をペアで瞬時に「日本語→英語」にできるよう練習しましょう。

A：日本語（開本）→ **B**：英語（閉本）、2分間でAとBを交代する

p. 86の「3.『意見を述べる』要領」を確認してから実践練習に挑戦しよう。

1　「意見を述べる」（評価とレビューのために録音する）　🔊 Audio②44

Directions: Give your opinion about a specific topic. Be sure to say as much as you can in the time allowed. You will have 30 seconds to prepare and 60 seconds to speak.

1）Question: When employees are transferred to a far-away place, some choose to relocate alone while others choose to move with their family. Suppose you have two elementary school children and a wife/husband who is working full time and you are asked to move to an overseas office. Which would you choose, to relocate alone or with your family, and why?

2）Begin preparing now.　**30 seconds**

3）Begin speaking now.　**60 seconds**

2　評価　🔊 Audio②45

解答例の音声とスクリプト（配布）を参照し、下の採点表で自己評価しよう。

採点：⓪ ほぼできていない（10%未満）、① 一部できている（30%未満）、② 半分弱できている（50%未満）、③ 半分強できている（70%未満）、④ かなりできている（90%未満）、⑤ ほぼできている（90%以上）

発　音	聞いてすんなりと理解できる	⓪ ① ② ③ ④ ⑤
語　彙	適切な語彙を使っている	⓪ ① ② ③ ④ ⑤
文　法	正しく文が構成されている	⓪ ① ② ③ ④ ⑤
内　容	意見（賛成・反対）とその理由が適切に述べられている	⓪ ① ② ③ ④ ⑤
評　価	上記4項目の平均値	⓪ ① ② ③ ④ ⑤

3　事後練習　🔊 Audio②44-45

実践練習の問題を使い、以下の練習をしよう。

Practice 1：質問の理解

・音声と文字で、素早く質問を理解しよう（「2度読み」はしない）。

・文頭から音声と同時進行で質問内容を理解する習慣をつけよう。

Practice 2：「意見を述べる」構成

・解答例のスクリプト（配布）を読み、「意見」、「理由1」、「理由2」、「結び」の構成を確認しよう。

Practice 3：意見を明らかにする表現

・解答例のスクリプトを読み、「意見を表明する」表現を確認しよう。

・ここでは「選択」により意見を表明する代表的な表現を覚えておこう。

> ・I would choose ...
> ・I would rather ... / I prefer ...
> ・I think you[we/they] should ...

Practice 4：理由を述べる表現

・解答例のスクリプトを読み、意見の「理由を述べる」表現を確認しよう。

・代表的な表現を再度確認しておこう。

> ・I think ... for the following reasons.
> ・First, ... / One of the reasons is ...
> ・Second, ... / Another reason is ...
> ・.... (It's) because ...

Practice 5：具体的な例や説明を示す表現

・解答例のスクリプトを読み、「具体的な例や説明」が示されている箇所を確認しよう。

・代表的な表現を再度確認しておこう。

> ・For example, ... / ..., for example. / ..., for example, ...
> ・Here's an example.
> ・Take the case of ..., for example.

Practice 6：結びの表現

・解答例のスクリプトを読み、「結び」の表現を確認しよう。

・代表的な表現を再度確認しておこう。

> ・In conclusion, ...
> ・For these reasons, ...
> ・So, all things considered, ...

Practice 7：実践練習に再挑戦

・「単身赴任」を選んだ人はもう一度「単身赴任」を、「家族を連れていく」を選んだ人はもう一度「家族を連れていく」を、下の表にメモを記入して考えを整えてから挑戦してみよう。

・その後に、今度は逆の選択でも意見を述べてみよう。

  1）表を見ながらペアで意見交換をする

    A：質問者（Questionを読む）

    B：話し手（自分の意見を述べる）

  2）表を見ずにペアで意見交換をする

    A：質問者（Questionを読む）

    B：話し手（自分の意見を述べる）

「単身赴任」

	最初の一言	説明や例などのメモ
意　見		
理由1		
理由2		
結　び		

「家族を連れていく」

	最初の一言	説明や例などのメモ
意　見		
理由1		
理由2		
結　び		

日
常
編

ビ
ジ
ネ
ス
編

事前学習

Vocabulary 19に解答し、日本語から英語訳が瞬時にできるように繰り返し練習する。

CAN-DO

このUNITでは、情景を具体的に分かりやすく1文で描写する力を身につける。

☐ 与えられた語句を使って、情景を1文で描写することができる
☐ 文法的に正しい文が書ける
☐ 自然な速度（1文を90秒）で書くことができる

雪だるま式語彙テスト

結果 ／5

Vocabulary 1〜19から5問（日本語→英語）

Vocabulary 19

🔊 Audio②46

1 日本語と英語の音声をヒントに空所を埋めましょう。

1. コピー機を使う use a _____

2. コピーを取る _____ some copies

3. 書類（資料）を探す look for a _____

4. 書類の山 a _____ of papers

5. 機械を操作する _____ a machine

6. 中央にいる男性 the man in the _____

7. 右側にいる男性 the man _____ the right

8. テレビ番組 TV _____

9. 休憩を取る take a _____

10. おしゃべりを楽しむ enjoy _____

11. 箱を持ち上げる _____ a box

12. 倉庫 _____

13. 交渉する _____

14. 質問があれば挙手してください。 _____ your hand if you _____ any questions.

15. コーヒーを飲みながら会話をする _____ a conversation _____ coffee

2 Vocabulary 19をペアで瞬時に「日本語→英語」にできるよう練習しましょう。

A：日本語（開本）→ **B**：英語（閉本）、2分間でAとBを交代する

1 　「写真描写」

・写真を1文で描写する（実際の試験ではキーボードでタイプする）。

・与えられた2つの語句を使う。

・2つの語句の語順と形（動詞の形と名詞の単複）は変えてもよい。

解答時間

5問を8分　Write your response under each photograph.（パソコン環境がない場合）

1.

copier / make

2.

look / document

3.

explain / operate

4.

interview / TV

5.

break / office

日常編

ビジネス編

モデルの文（p. 118）を参照し、下の採点表で自己評価しよう。

・語　句：与えられた2つの語句を適切に使っている。

・文　法：文法的誤りがない。

・関連性：写真と関連する内容が記述されている。

・評　価：上記項目の平均

採点：⓪「全くできていない」、①「1/3程度できている」、②「2/3程度できている」、③「ほぼできている」

	写真1	写真2	写真3	写真4	写真5
語　句	⓪ ① ② ③	⓪ ① ② ③	⓪ ① ② ③	⓪ ① ② ③	⓪ ① ② ③
文　法	⓪ ① ② ③	⓪ ① ② ③	⓪ ① ② ③	⓪ ① ② ③	⓪ ① ② ③
関連性	⓪ ① ② ③	⓪ ① ② ③	⓪ ① ② ③	⓪ ① ② ③	⓪ ① ② ③
評　価	⓪ ① ② ③	⓪ ① ② ③	⓪ ① ② ③	⓪ ① ② ③	⓪ ① ② ③

3 「写真描写」の要領

・「2つの語句を使い」、「写真に基づいた」、「文法的に正しい1文」を書く。

・これらの条件を満たしていれば簡単な文でよい。

・写真全体を描写する必要はない。

・「5問を8分」→「1問を90秒ペース」で解く。

STEP 2 「写真描写」の練習　例題に再チャレンジ！

1（例）のように、2から5についてそれぞれ1文を完成させよう。2つの語句から2つのチャンク（複数の語による意味のまとまり）を作り、最後に1文を完成させる要領で。

		2つの語句から →	2つのチャンクを作る →	1文を完成させる
1 例	copier	use a copier	The woman is using a copier to make some copies.
	make	make some copies	
2	look		
	document		
3	explain		
	operate		
4	interview		
	TV		
5	break		
	office		

1　「写真描写」

Directions: Write ONE sentence based on a picture. With each picture, two words or phrases are given which you must use in your sentence. You can change the forms and orders of the words. You have 8 minutes for five pictures.

Write your response under each photograph.（パソコン環境がない場合）

1.

lift / warehouse

2.

meeting / negotiate

3.

raise / audience

4.

presentation / whiteboard

5.

coffee / conversation

日常編

ビジネス編

2　評価

モデルの文（配布）を参照し、下の採点表で自己評価しよう。

・語　句：与えられた2つの語句を適切に使っている。

・文　法：文法的誤りがない。

・関連性：写真と関連する内容が記述されている。

・評　価：上記項目の平均

採点：⓪「全くできていない」、①「1/3程度できている」、②「2/3程度できている」、③「ほぼできている」

	写真1	写真2	写真3	写真4	写真5
語　句	⓪ ① ② ③	⓪ ① ② ③	⓪ ① ② ③	⓪ ① ② ③	⓪ ① ② ③
文　法	⓪ ① ② ③	⓪ ① ② ③	⓪ ① ② ③	⓪ ① ② ③	⓪ ① ② ③
関連性	⓪ ① ② ③	⓪ ① ② ③	⓪ ① ② ③	⓪ ① ② ③	⓪ ① ② ③
評　価	⓪ ① ② ③	⓪ ① ② ③	⓪ ① ② ③	⓪ ① ② ③	⓪ ① ② ③

3　事後練習　実践練習問題に再チャレンジ

1から5について、再度それぞれ1文を完成させよう。2つの語句から2つのチャンク（複数の語による意味のまとまり）を作り、最後に1文を完成させる要領で。

	2つの語句から →	2つのチャンクを作る →	1文を完成させる
1	lift		
	warehouse		
2	meeting		
	negotiate		
3	raise		
	audience		
4	presentation		
	whiteboard		
5	coffee		
	talk		

事前学習

Vocabulary 20に解答し、日本語から英語訳が瞬時にできるように繰り返し練習する。

CAN-DO

このUNITでは、Eメールを作成する力を身につける。

☐ Eメールを読み、要求されている内容を正しく理解できる
☐ Eメールの要件に一貫した論理構成で適切な返信メールが書ける
☐ Eメールの受信、返信を10分程度で行うことができる

雪だるま式語彙テスト

結果 ／5

Vocabulary 1～20から5問（日本語→英語）

Vocabulary 20

🔊 Audio②47

1 日本語と英語の音声をヒントに空所を埋めましょう。

1. 来週お会いできるでしょうか。 I _____ if we can meet next week.

2. 契約条件 the terms of the _____

3. 都合をお知らせください。 _____ me know your _____ .

4. 敬具 Best _____

5. いずれの日も都合が悪い。 _____ of the days is convenient.

6. あなたはいつがいいですか。 When is _____ for you?

7. あいにく（残念ですが）… _____ , ...

8. 再来週 the week after _____

9. 出版社 _____ house

10. 求人広告の購読者 _____ to classified _____

11. （事前の）経験は問わない。 _____ experience is not _____ .

12. 英語力のある人が望ましい。 People _____ good English skills are _____ .

13. 履歴書を添付してメールする e-mail with your _____ attached

14. コンピュータの基本的な技能 _____ computer skills

15. 詳しくは … をご覧ください。 _____ more information, please _____ to ....

2 Vocabulary 20をペアで瞬時に「日本語→英語」にできるよう練習しましょう。

A：日本語（開本）→ **B**：英語（閉本）、2分間でAとBを交代する

STEP 1 　例題練習　まずは例題をもとに以下の練習をしましょう。

1 「Eメール作成」

・表示されたEメール（実際の試験ではパソコンの画面に表示される）を読む。

・返信のEメールを書く。

解答時間
1問（読む＋書く）**10分**

From	: Joseph Davis
To	: Toshie Suzuki
Subject	: Can we meet next week?
Sent	: July 23, 4:32 p.m.

Dear Ms. Suzuki,

I wonder if we can meet sometime next week. We would like to discuss the terms of the contract. Our preference is on the mornings of Wednesday and Thursday. Please let me know your availability.

Best regards,

Joseph Davis

Directions: Respond to the e-mail as if you are Toshie Suzuki. In your e-mail, tell Mr. Davis that neither of the days is convenient for you and give reasons. Also, tell him when is good for you.

Write your response here. （パソコン環境がない場合）

_____

_____

_____

_____

_____

_____

_____

_____

2 評価

解答例の文（p. 119）を参照し、下の採点表で自己評価しよう。

採点：⓪「全くできていない」、①「1/4程度できている」、②「2/4程度できている」、③「3/4程度できている」、④「ほぼできている」

語 彙	適切な語彙を使っている	⓪ ① ② ③ ④
文 法	正しく文が構成されている	⓪ ① ② ③ ④
内 容	要件に対し一貫した論理性をもって記述がなされている	⓪ ① ② ③ ④
評 価	上記3項目の平均値	⓪ ① ② ③ ④

3 「メール作成」の要領

・画面に表示されたEメールを正確に理解する。

・与えられた設定と指示（Directions）から要件（2～3点）を正確に把握する。

・適切な接続語を使い、一貫性のある文章にする。

・文章量の目安：70語（5文）～150語（10文）

・構成：前文（1～2文）＋ 主文（3～6文）＋ 末文（1～2文）

・返信先にふさわしい文体（formal / informal）で書く。会社宛てなどのformalな場合は、短縮形やくだけた表現は避ける。

STEP 2　「Eメール作成」の練習

Practice 1：例題を使って以下を確認する

・表示されたEメールを正確に読む。

・返信の設定と指示から要件（2～3点）を把握する。

・解答例のEメールで一貫した論理構成（前文、主文、末文）を確認する。

Practice 2：返信メールの語彙・表現を学ぶ

前文		・Dear ...., / To whom it may concern, ・Thank you for your e-mail.
主文	Point 1 （返事）	・Unfortunately, ... / I am sorry, but .... ・be not available on ... / be not convenient for ... / be not good for ... / not work for ...
	Point 2 （理由）	・I have ... / There is ... ・an important meeting / a previous appointment / a tight schedule / a business trip
	Point 3 （提案）	・If it is ..., I can ... / I wonder if we could ... ・Otherwise, we should ...
末文		・I look forward to hearing from you. ・Best regards,

Practice 3：例題で作成した返信メールを書き換える

前文		
主文	**Point 1** （返事）	
	Point 2 （理由）	
	Point 3 （提案）	
末文		

1 「Eメール作成」

Directions: Write a response to the e-mail. You will have 10 minutes to read and answer.

From	: Hannah King, Pine Hills Publishing House <hannaking@pinehills.net>
To	: Subscribers to Classified Ads of Career Services Int'l
Subject	: Assistant Editor Wanted
Sent	: October 30, 11:27 A.M.

We are looking for an assistant editor for our English books and magazines. Prior experience is not required, but people with a strong interest in and good knowledge of English are preferred. If you are interested, e-mail me with your resume attached.

Directions: Respond to the e-mail. In your e-mail, show your strong interest in the job and describe your current skills (two at least) that may affect your success in the job.

Write your response here. (パソコン環境がない場合)

_____

_____

_____

_____

_____

_____

_____

_____

2 評価

解答例の文（配布）を参照し、下の採点表で自己評価しよう。

採点：⓪「全くできていない」、①「1/4程度できている」、②「2/4程度できている」、③「3/4程度できている」、④「ほぼできている」

語　彙	適切な語彙を使っている	⓪ ① ② ③ ④
文　法	正しく文が構成されている	⓪ ① ② ③ ④
内　容	要件に対し一貫した論理性をもって記述がなされている	⓪ ① ② ③ ④
評　価	上記3項目の平均値	⓪ ① ② ③ ④

Practice 1：実践練習の問題を使って以下を確認する

・表示されたEメールを正確に読む。

・返信の設定と指示から要件（2〜3点）を把握する。

・解答例のEメールで一貫した論理構成（前文、主文、末文）を確認する。

Practice 2：返信メールの語彙・表現を学ぶ

前文		・Dear ...,／To whom it may concern, ・Thank you for your e-mail.
主文	**Point 1** （興味を示す）	・be interested in ...／have a strong interest in ...／have always wanted to ...／and so ... ・... since I was a little child／in high school／in college
	Point 2 （スキル1）	・studied ...／have mastered ...／be good at ...／can ... ・speaking and writing skills ・best score of the TOEIC／passed the 2nd grade of Eiken (or English Language Proficiency Test)
	Point 3 （スキル2）	・Also, ...／Another thing is ...／In addition, ... ・have basic computer skills／can use ... ・such ... as ...／such as ...／..., for example
末文		・I look forward to hearing from you. ・Best regards,

Practice 3：実践練習で作成した返信メールを書き換える

前文		
主文	**Point 1** （興味を示す）	
	Point 2 （スキル1）	
	Point 3 （スキル2）	
末文		

UNIT 9-1 意見を記述する（その1）

事前学習

Vocabulary 21に
解答し、日本語から
英語訳が瞬時にでき
るように繰り返し練
習する。

CAN-DO

このUNITでは、あるテーマについて意見とその理由を記述する力を身につけます。

☐ 自分の意見（賛成・反対）を明確に記述することができる
☐ 意見の理由を具体的な例や説明を添えて、論理的に記述できる
☐ 以上を30分間で300語以上の文章にまとめることができる

雪だるま式語彙テスト

結果 ／5

Vocabulary 1〜21から5問（日本語→英語）

Vocabulary 21

🔊 Audio②48

1 日本語と英語の音声をヒントに空所を埋めましょう。

1. 職場 _____

2. 机がそれぞれ仕切りで区切られている。 Each desk is separated by a _____ .

3. 確かに … ではあるが、しかし、… It is _____ that ..., but ...

4. 不都合な点の方が多くある。 There are more _____ .

5. 交流し、コミュニケーションを取る _____ and communicate

6. あなたの隣に座っている人 a person sitting _____ to you

7. 他の人たちと話す機会を持つ have a _____ to talk to other people

8. その結果、… _____ , ...

9. 適当な時まで待つ wait until the _____ time

10. 子ども扱いされているように感じる。 I feel like I am _____ like a child.

11. それはチームワークの障害だ。 It is an _____ to teamwork.

12. 会社が成功するためには for a company to be _____

13. よい人間関係に基づいたチームワーク teamwork _____ on good _____

14. 彼は問題を抱えているように見える。 He _____ like he is having trouble.

15. 面と向かったコミュニケーション _____-_____-_____ communication

2 Vocabulary 21をペアで瞬時に「日本語→英語」にできるよう練習しましょう。

A：日本語（開本）→ **B**：英語（閉本）、2分間でAとBを交代する

1　「意見を記述する」

・パソコンの画面に表示される質問に自分の意見を記述する。

・300語以上で記述する。

解答時間
30分

Question（実際の試験ではパソコンの画面に表示される）:

In some workplaces, each desk is separated by a partition, a wall that separates one desk from another, so that employees do not disturb each other while working. Do you think it is a good idea? Why or why not? Give reasons or examples to support your opinion.

Write your opinion here.（パソコン環境がない場合）

2 評価

解答例の文（p. 119）を参照し、下の採点表で自己評価しよう。

採点：⓪ ほぼできていない（10%未満）、① 一部できている（30%未満）、② 半分弱できている（50%未満）、③ 半分強できている（70%未満）、④ かなりできている（90%未満）、⑤ ほぼできている（90%以上）

語　彙	適切な語彙を使っている	⓪ ① ② ③ ④ ⑤
文　法	正しく文が構成されている	⓪ ① ② ③ ④ ⑤
内　容	意見（賛成・反対）とその理由が適切に述べられている	⓪ ① ② ③ ④ ⑤
評　価	上記3項目の平均値	⓪ ① ② ③ ④ ⑤

3 「意見を記述する」要領

・質問を正確に読み取る。

・意見（賛成、反対、あるいは選択により自分の立場）を表明する。

・意見の理由を3つ考える（メモを取る）。

・具体的な例や説明を考える（メモを取る）。

・分かりやすい（平易な）英語で書く。

・語数：300語以上（20文以上：1文が平均15語と考える）

・文章の構成：意見（2文前後）＋ 説明（5文以上×3）＋ 結び（2文前後）

STEP 2 「意見を記述する」練習

例題を使い、以下の練習をしよう。

Practice 1：質問を理解する

・例題の質問を正確に読み取ろう。

Practice 2：例題の解答例から「意見を記述する」構成を学ぶ

・例題の解答例（p. 119）を読み、「意見」、「理由1」、「理由2」、「理由3」、「結び」の構成を確認しよう。

Pactice 3：「意見を表明する」表現を学ぶ

・例題の解答例を読み、「意見を表明する」表現を確認しよう。

・「賛成」、「反対」を表明する代表的な表現を覚えておこう。

意見（賛成）	意見（反対）
・I agree with the idea of ~ing ... ・I agree that S + V ... ・I think it is a good idea.	・I disagree with the idea of ~ing ... ・I disagree that S + V ... ・I don't think it is a good idea.

Practice 4：「理由を述べる」表現を学ぶ

・例題の解答例を読み、意見の「理由を述べる」表現を確認しよう。

・代表的な表現を覚えておこう。

> ・I think S + V ... for the following reasons.
> ・First, S + V ... / One of the reasons is that S + V ...
> ・Second, S + V ... / Another reason is that S + V ...
> ・.... (It is) because S + V ...

Practice 5：「具体的な例や説明」を示す表現を学ぶ

・例題の解答例を読み、「具体的な例や説明」が示されている箇所を確認しよう。

・代表的な表現を覚えておこう。

> ・For example, S + V ... / S + V ..., for example.
> ・If S + V ..., for example, S + V ...
> ・Look at ..., for example.

Practice 6：「結び」の表現を学ぶ

・例題の解答例を読み、「結び」の表現を確認しよう。

・代表的な表現を覚えておこう。

> ・In conclusion, S + V ...
> ・For these reasons, S + V ...
> ・So, all things considered, S + V ...

Practice 7：例題練習に再挑戦

・下の表にメモを記入して考えを整えてから、①②の順で再度自分の意見を述べよう。

① ペアで口頭による意見交換（英語、または日本語で）

② 記述する（ノート、またはパソコンに）

意　見	
理由1	
理由2	
理由3	
結　び	

事前学習

Vocabulary 22に
解答し、日本語から
英語訳が瞬時にでき
るように繰り返し練
習する。

CAN-DO

このUNITでは、あるテーマについて意見とその理由を記述する力を身につけます。

- ☐ 自分の意見（賛成・反対）を明確に記述することができる
- ☐ 意見の理由を具体的な例や説明を添えて、論理的に記述できる
- ☐ 以上を30分間で300語以上の文章にまとめることができる

雪だるま式語彙テスト

結果 ／5

Vocabulary 1〜22から5問（日本語→英語）

Vocabulary 22

🔊 Audio②49

1 日本語と英語の音声をヒントに空所を埋めましょう。

1. 一部の人は … だと主張する。　Some people _____ that ...

2. 私にはくつろぐのに十分な時間がない。　I don't have _____ time to relax.

3. … を見ると、… が分かる。　If you look at ..., you will _____ that ...

4. 週に2日の休みがある。　We have two days _____ in a week.

5. 生涯（一生の時間）の30パーセント　30 percent of our _____

6. より多くの時間を自分のために使える。　You can use more time _____ yourself.

7. 仕事と生活のバランス　_____-_____ balance

8. 週休3日制を導入する　_____ the four-day work week system

9. 子どもを遊園地に連れ出す　take children out to an _____ park

10. 家の掃除や雑事をする　clean the house and do other _____

11. 自己啓発のための時間　time for _____ development

12. 体を鍛えるためにジムに行く　go to a sports gym to _____ out

13. あなたの専門知識・技術を伸ばす　improve your _____

14. 時間が許せばやります。　I will do it if time _____ .

15. それはあなたの人生を豊かにします。　It will _____ your life.

2 Vocabulary 22をペアで瞬時に「日本語→英語」にできるよう練習しましょう。

A：日本語（開本）→ **B**：英語（閉本）、2分間でAとBを交代する

p. 108 の「3.『意見を記述する』要領」を確認してから実践練習に挑戦しよう。

1 「意見を記述する」

Directions: You will write an essay in response to a question that asks you to state, explain, and support your opinion on an issue. The essay should contain a minimum of 300 words. You will have 30 minutes to write it.

Question（実際の試験ではパソコンの画面に表示される）：

> Some people argue that we work too many hours and all companies should have a four-day work week. Do you agree with them? Why or why not? Give reasons or examples to support your opinion.

Write your opinion here.（パソコン環境がない場合）

_____

_____

_____

_____

_____

_____

_____

_____

_____

_____

_____

_____

_____

_____

_____

_____

_____

_____

_____

_____

_____

_____

_____

2 評価

解答例の文（配布）を参照し、下の採点表で自己評価しよう。

採点:⓪「ほぼできていない（10%未満）」、①「一部できている（30%未満）」、②「半分弱できている（50%未満）」、③「半分強できている（70%未満）」、④「かなりできている（90%未満）」、⑤「ほぼできている（90%以上）」

語　彙	適切な語彙を使っている	⓪ ① ② ③ ④ ⑤
文　法	正しく文が構成されている	⓪ ① ② ③ ④ ⑤
内　容	意見（賛成・反対）とその理由が適切に述べられている	⓪ ① ② ③ ④ ⑤
評　価	上記3項目の平均値	⓪ ① ② ③ ④ ⑤

3 事後練習

実践練習の問題を使い以下の練習をしよう。

Practice 1：質問の理解

・実践練習の質問を正確に読み取ろう。

Practice 2：「意見を記述する」構成

・実践練習の解答例（配布）を読み、「意見」、「理由1」、「理由2」、「理由3」、「結び」の構成を確認しよう。

Practice 3：「意見を表明する」表現

・実践練習の解答例を読み、「意見を表明する」表現を確認しよう。

・「賛成」、「反対」を表明する代表的な表現を再度確認しておこう。

意見（賛成）	意見（反対）
・I agree with the idea of ~ing ... ・I agree that S + V ... ・I think it is a good idea.	・I disagree with the idea of ~ing ... ・I disagree that S + V ... ・I don't think it is a good idea.

Practice 4：「理由を述べる」表現

・実践練習の解答例を読み、意見の「理由を述べる」表現を確認しよう。

・代表的な表現を再度確認しておこう。

> ・I think S + V ... for the following reasons.
> ・First, S + V ... / One of the reasons is that S + V ...
> ・Second, S + V ... / Another reason is that S + V ...
> ・.... (It is) because S + V ...

Practice 5：「具体的な例や説明を示す」表現

・実践練習の解答例を読み、「具体的な例や説明」が示されている箇所を確認しよう。

・代表的な表現を再度確認しておこう。

> ・For example, S + V ... / S + V ..., for example.
> ・If S + V ..., for example, S + V ...
> ・Look at ..., for example.

Practice 6：「結び」の表現

・実践練習の解答例を読み、「結び」の表現を確認しよう。

・代表的な表現を再度確認しておこう。

> ・In conclusion, S + V ...
> ・For these reasons, S + V ...
> ・So, all things considered, S + V ...

Practice 7：実践練習に再挑戦

・下の表にメモを記入して考えを整えてから、①②の順で再度自分の意見を述べよう。

　① ペアで口頭による意見交換（英語、または日本語で）

　② 記述する（ノート、またはパソコンに）

意　見	
理由1	
理由2	
理由3	
結　び	

日常編・例題問題のスクリプトと解答例

UNIT 2 Speaking 写真描写

This is a picture taken in a kitchen. There are two people, a man and a woman. The woman is doing the dishes in front of a sink. The man is drying a coffee mug behind the woman. She is wearing a striped apron and a short-sleeved shirt. He is wearing a checked shirt and a pair of jeans. On the window ledge, there is a plant in a pot. In the corner in the background, you can see a toaster. 81words

UNIT 3 Speaking 応答

Question 1: What do you like to do in your spare time?

解答例 1: I love reading. I read about 100 books last year.

解答例 2: I like to go jogging near my house. Usually twice a week on Saturdays and Sundays.

Question 2: How long has it been since you took up that hobby?

解答例 1: It's been my hobby since I was ten or so. The first book I was moved by was *Romeo and Juliet* by Shakespeare.

解答例 2: Not long. I started only three months ago.

Question 3: Which do you prefer, spending your free time at home or outdoors? Why?

解答例 1: I like to spend my free time at home because I like reading a lot. Of course, I can read books at a library or a café, too. But it takes time to go to and come back from these places. It is a waste of time and energy, and of money if it's a café. 56words

解答例 2: I prefer outdoors because it's a much healthier way to spend your free time. Firstly, taking part in outdoor activities is good for your health. And it has a positive effect on your mind, too. Another advantage is that it gives you an opportunity to meet other people and make friends with them. 53words

UNIT 4 Speaking 提示された情報に基づく応答

Narrator: Hello, I heard about your magic workshop from a friend. I'm very interested in it, and have a few questions about the schedule and the content.

Question 1: What time does the workshop start?

▶ It starts at 9:30 in the morning.

Question 2: How long does it last?

▶ It lasts for four hours and 30 minutes until two in the afternoon.

Question 3: I'm particularly interested in card magic and coin magic. Could you give me details about them?

▶ Yes. Card magic starts at 9:40 after the opening speech by Alan Smith, the organizer of this workshop. First, you will see a demonstration by Peggy Brown for ten minutes. Following that, you will have a chance to practice the magic yourself for 60 minutes. After that at 10:50, Bruce Wang will demonstrate coin magic for ten minutes. And then, you will practice it yourself for one hour with help from Mr. Wang.

UNIT 5 Speaking 解決策を提案する

Voice Message:

Hello. My name is Steve Anderson. I belong to Spanish class A-1 at your school. I'm calling you about our teacher, Ms. Maria Garcia. Your brochure says that she is one of the best teachers at your school. However, everyone in my class agrees that her performance and attitude are far below standard. She doesn't seem to prepare for her lessons at all. Often, she refers to a reference book in class, and every time she does that, the lesson stops. Another thing is that out of the six lessons we have had so far, she was late for class three times, once over 20 minutes. She said sorry, but didn't say why she was late. I discussed this with my classmates and decided to report to you before the situation becomes worse. We would like to ask you to do something to improve this situation. 146words

Answer:

［問題の認識］ Hello, this is (your name), in charge of the teacher training section here. I understand that all the students in your class are dissatisfied with Ms. Maria Garcia, and I'm very sorry to hear that. In fact, this is the first time we had such a complaint about her so we are quite surprised. 3文

［解決策・提案］・Well, here is my suggestion. Let me first talk to her in person to find out why this has happened. Then, if necessary, I'll observe her lesson in your class. Maybe I can talk to you and the other students after the lesson. 3文

・After that, I'd like to decide if the situation can be improved by giving her further training. If it doesn't seem to work out, then I'll think about replacing her with some other teacher. 2文

［結びの言葉］ Let me know what you think of my suggestion. Again, I'm sorry for the trouble this has caused you. 2文, 149words

UNIT 6-1 Speaking 意見を述べる（その1）

［意見］ I agree with them. I think we should accept as many foreign tourists as possible. 2文

［理由1］ First of all, this recent tourism boom will obviously help revitalize the Japanese economy. For example, over 30 million tourists visit Japan every year. Think of all the money they spend on accommodations, transportation, meals, souvenirs and so on. Tourists with large shopping bags in their hands are not an uncommon sight nowadays. 4文

［理由2］ Secondly, it helps to promote cross-cultural understanding. Many of the problems that exist between countries are caused by not understanding each other's cultures. I think sightseeing trips to Japan will be a good opportunity for foreigners to learn something about Japanese culture. 3文

［結び］ So, for these reasons, I agree with their idea. I believe we should welcome even more tourists to Japan. 2文   129words

UNIT 7 Writing 写真描写

［写真1］ The man is holding his baby and the woman is feeding the giraffe.
The man holding his baby is looking at the giraffe being fed by his wife.

［写真2］ The food placed on the table all looks delicious.
Some delicious-looking food is placed on the table.

［写真3］ Some people are enjoying playing volleyball in a circle.

They are trying to keep the <u>volleyball</u> within a <u>circle</u>.

[写真4] People are waiting in a <u>line</u> to get on the <u>bus</u>.

There is a long <u>line</u> of people waiting to get on the <u>bus</u>.

[写真5] The <u>customer</u> is watching the woman <u>arranging</u> some flowers.

The woman is <u>arranging</u> some flowers for the <u>customer</u>.

UNIT 8 Writing Eメール作成

Hi, Susie,

Thanks for your e-mail. That's great news!

Well, I went to a school called St. Giles School of English in Eastbourne. They offer many different courses and levels to choose from. So, you won't have any trouble finding the right class for you.

I did a homestay but moved to a flat after a few weeks because it's much cheaper. However, if money is no problem, then I recommend that you stay with an English family. That way, you have more opportunities to learn natural English.

Eastbourne is a well-known seaside resort so it's very busy with tourists, especially in summer. It takes only an hour by train to get to London so you can go sightseeing there on a day trip.

Well, I hope this will be of some help to you. If you need further advice, please feel free to ask me anytime.

All the best,
Charlie Fernandez

UNIT 9-1 Writing 意見を記述する（その1）

Answer（従来のお店でのショッピング）

[意見] I admit that online shopping has many advantages. However, I prefer doing shopping in the traditional way at shops. I have three reasons to support my opinion. 3文、27words

[理由1] Firstly, if you buy something without examining the actual product, you often regret it later. What you get is often a little different from what you had in mind. For example, if you buy a pair of shoes online, it often happens that the color is subtly different. Or worse, they do not fit you perfectly. If you buy them at a shoe store, you can always see the actual shoes and try them on before you decide to buy them. 5文、81words

[理由2] Secondly, if you do not have much knowledge about a product, you can always consult a professional salesclerk on the spot. Suppose you are of two minds whether to buy a laptop or a tablet. Or you cannot decide between a conventional vacuum cleaner or the latest robot type cleaner. Well, you do not need to worry. A shop assistant with good knowledge of these products is always there to give you useful and appropriate advice. 5文、76words

[理由3] Thirdly, online shoppers often mention the convenience of not having to carry heavy items home. But is this really a privilege that only online shoppers can enjoy? Recently, many of the off-line shops offer free delivery service. Some of them even offer same-day delivery service just like many of the online shops do. In fact, more and more people are using this service instead of carrying heavy items home themselves. 5文、70words

[結び] So, as I said at the beginning, it is not that I am denying or trying to denounce online shopping. However, for the reasons I mentioned above, I believe that off-line shopping is a much better way to shop. For me, nothing can beat good old brick-and-mortar shops.

3文、48words、計302words

ビジネス編・例題問題のスクリプトと解答例

UNIT 2 Speaking 写真描写

This is a picture of a meeting in an office. There are five people, men and women, around the table. Two of the men are standing and shaking hands across the table. The other people are sitting in the chairs and looking at them. They are all smiling and look happy. On the table, there are laptops, a tablet, pens, notebooks and coffee cups. In the background, you can see something like a whiteboard. Probably, they have made a deal. 80words

UNIT 3 Speaking 応答

Question 1: What do you do?
解答例 1：I'm a college student, second year, majoring in economics.
解答例 2：I work for an IT company. I'm in the marketing department.

Question 2: How do you like it?
解答例 1：I enjoy it very much. The study of economics is really interesting and fun.
解答例 2：I don't like it, to be honest. It's too busy. I'm thinking of changing jobs.

Question 3: Which do you prefer, working in a large or small company? Why?
解答例 1：I prefer to work for a large company because large companies have stable management and hardly go bankrupt. So, once you're employed, you can stay and work there as long as you want. Another reason is that large companies usually pay much better than small ones. So, you can expect to live a better life. 55words

解答例 2：I prefer to work in a small company. In a big company, you're just one of tens of thousands of employees. You're only a small part of it and your work has little impact. In a small company, however, say, with less than a hundred employees, you're a big part of it and more responsible. It's challenging but more fun. 60words

UNIT 4 Speaking 提示された情報に基づく応答

Narrator: Hello. This is Emily Jones from the San Diego branch. I don't have the most updated agenda, so I have some questions.

Question 1: What time does the meeting begin and end?
▶ It begins at 9:00 a.m. and ends at 12:00 noon.

Question 2: So, area managers will begin their reports right after 9:00, right?
▶ Not exactly. They will begin at 9:15. You will have Jessica Smith, a vice-president, for opening remarks.

Question 3: I heard we'll be having a presentation from the Marketing Division. Could you tell me more about it?
▶ Sure. After the managers' reports, you'll take a coffee break. And after the break, you're having Mr. Ken Tanaka from the Marketing Division. He is going to talk about market analysis and advertising strategies. It's from 10:50 until 11:30.

UNIT 5 Speaking 解決策を提案する

Voice Message:

Hi, members of the Company Recreation Committee. This is Sarah. I'm going to be the facilitator for our upcoming meeting scheduled for Friday. I'm calling to hear your ideas beforehand about what to do if it rains on the recreation day. In our previous meeting, we decided to have a barbecue and play soccer in the riverside park and limit the number of participants to 40. In our next meeting, we need to plan alternative activities in case it rains but since we have a lot of other items on the agenda, we can't spend much time on it. That's why I'm asking for your ideas on the phone now. So, tell me whatever you've come up with. For your information, there's a community center near the park. On the premises, they have restaurants, halls and a gym large enough for four basketball courts. Could you leave your message on Extension 405? Thank you and I appreciate your cooperation. 159words

Answer:

［問題の認識］　Hi, Sarah. This is (your name). I heard your voice message and understand you want to hear our ideas about what to do if it rains on the recreation day. Yes, we should decide it in our next meeting and be prepared for bad weather as well. 4文

［解決策・提案］・As for the barbecue, I don't think we need to change our plans. Some participants could bring their camping equipment if we request it. We could set up roofs over the barbecue site. 3文

・But as for soccer, we would have to give it up. Nobody wants to play in the rain. So, after the barbecue, we could move to the community center and play basketball in the gym, instead. Make four teams of 10 members. If we rent two courts, then the participants can play and enjoy it together. 5文

［結びの言葉］　If I come up with better ideas, I'll call and leave a message again. See you on Friday. Bye. 2文、155words

UNIT 6-1 Speaking 意見を述べる（その1）

［意見］　I disagree with them. On the contrary, I think students should work part time for the following reasons. 2文

［理由1］　First, working part time doesn't necessarily disturb schoolwork. If you plan very carefully, for example, it's quite possible to balance study and work. I know many students who work two or three days a week and manage to make enough time for studying. 4文

［理由2］　Second, working part time is not just for money. You'll learn a lot of things from working at a restaurant or a convenience store. You need patience, responsibility and good relationships with people of different ages. These are all what you need for the rest of your life. 3文

［結び］　For these reasons, I disagree with their idea. I'd rather encourage students to work. 2文

126words

UNIT 7 Writing 写真描写

［写真1］　The woman is using a copier to make some copies.
　　　　　The woman is making copies with a copier.
［写真2］　The woman is looking for some documents in the pile of papers.
　　　　　The woman is looking at some documents.

[写真 3] The man in the center of the picture is <u>explaining</u> to the other two how to <u>operate</u> the machine.

The two people on the right are listening to the man in the center <u>explain</u> how they can <u>operate</u> the machine.

[写真 4] The woman is <u>interviewing</u> a man for a <u>TV</u> show.

A man is being <u>interviewed</u> by a <u>TV</u> reporter.

[写真 5] The women are taking a <u>break</u> in the <u>office</u>.

The women are enjoying their <u>break</u> time chatting in the <u>office</u>.

UNIT 8 Writing Eメール作成

Dear Mr. Peterson,

Thank you for your e-mail. Unfortunately, neither Wednesday nor Thursday morning is convenient for us. There is an important meeting scheduled for Wednesday, and from Thursday to Saturday I will be away to visit our Bangkok branch. If it is on Monday or Tuesday, I will be available either in the morning or afternoon. Otherwise, we should meet the week after next. I look forward to hearing from you.

Best regards,
Toshie Suzuki

UNIT 9-1 Writing 意見を記述する（その1）

Answer（反対）

[意見] I do not think it is a good idea. It is true that if they have partitions, employees will not disturb each other, but there are disadvantages to it as well. They should not have partitions for the following reasons. 2文、40words

[理由 1] First, desk partitions will make it difficult for employees to interact and communicate. With partitions in between, they cannot see each other. They never know if a person sitting next to them or in front of them is too busy to talk. They never know what other people are doing. So, it is hard for them to have a chance to talk to others. Consequently, they will have little interaction and communication. This can cause problems with their work as well as their relationships. 7文、84words

[理由 2] Second, partitions are not necessarily needed to make employees concentrate on their work. It is true that if they have partitions, employees will not disturb each other. But they are not little children. They know well when to talk to others and when not to. If they want to talk to a person sitting next to them or in front of them and he/she looks very busy, they will refrain. They will wait until they find the right time. So, partitions are not necessary. They only make employees feel like they are treated like children. 8文、95words

[理由 3] Finally, partitions will be an obstacle to teamwork. A company is an organization where people work together. Employees are closely related to each other. So, for a company to be successful, they need good teamwork based on good communication and relationships. But if they have desk partitions around them and cannot see each other, how will they develop a good team? They need to look at each other to see how others are doing. If someone looks like he/she is having trouble, they can help him/her. They need face-to-face communication. 8文、90words

[結び] For these reasons, I disagree with the idea of having desk partitions in an office. They separate employees both physically and mentally. 2文、22words、計331words

Proficiency Level Descriptors（能力レベル別評価一覧表）

Proficiency Level	スピーキング
[8] スコア 190～200	一般的に、レベル8に該当する受験者は、一般の職場にふさわしい継続的な会話ができる。意見を述べたり、複雑な要求に応えたりする際の話の内容は大変分かりやすい。基本的な文法も複雑な文法もうまく使いこなし、正確で的確な語彙・語句を使用している。 また、質問に回答し、基本的な情報を提供することができる。 発音、イントネーション、強調すべき部分がいつも大変分かりやすい。
[7] スコア 160～180	一般的に、レベル7に該当する受験者は、一般の職場にふさわしい継続的な会話ができる。的確に意見を述べたり、複雑な要求に応えることができる。長い応答では、以下の弱点が一部現れることがあるが、意思の伝達を妨げるものではない。 ● 発音、イントネーションにわずかだが問題があり、話すとき、躊躇することがある ● 複雑な文法構造を使うときにいくつか誤りがみられることがある ● 不正確な語彙・語句の使用がいくつかみられることがある また、質問に回答し、基本的な情報を提供することができる。 書かれたものを読み上げる際の英語は大変分かりやすい。
[6] スコア 130～150	一般的に、レベル6に該当する受験者は、意見を述べたり、複雑な要求に対して、適切に応えることができる。しかしながら、少なくとも部分的に意見の根拠や説明が聞き手にとって不明瞭なことがある。これには、以下の理由が考えられる。 ● 話さなければならない時、発音がはっきりしない、またはイントネーションや強調すべき部分が不適切である ● 文法に誤りがある ● 使用できる語彙・語句の範囲が限られている また、ほとんどの場合、質問に回答し、基本的な情報を提供することができる。しかしながら、しばしば内容は理解しにくい。 書かれたものを読み上げる際の英語は分かりやすい。
[5] スコア 110～120	一般的に、レベル5に該当する受験者は、ある程度、意見を述べる、または複雑な要求に応えることができる。ただし、応答には以下のような問題がみられる。 ● 言葉が不正確、あいまい、または同じ言葉を繰り返し述べている ● 聞き手の立場や状況をほとんど、またはまったく意識していない ● 間が長く、躊躇することが多い ● 考えを表現すること、またいくつかの考えを関連づけて表現することに限界がある ● 使用できる語彙・語句の範囲が限られている また、ほとんどの場合、質問に回答し、基本的な情報を提供することができる。しかしながら、しばしば内容は理解しにくい。 書かれたものを読み上げる際の英語は概ね分かりやすいが、自らが考えて話をするときは、発音、イントネーション、強調すべき部分に時々誤りがある。
[4] スコア 80～100	一般的に、レベル4に該当する受験者は、意見を述べる、または複雑な要求に応えようとするが、うまくいかない。1つの文のみ、または文の一部分のみで応答することがある。このほかに、以下のような問題がみられる。 ● 回答がとても短い、または長くてもほとんどの部分が理解しにくい ● 聞き手の立場や状況をほとんど、またはまったく意識していない ● 発音、イントネーション、強調すべき部分に常に問題がある ● 間が長く、躊躇することが多い ● 語彙・語句が非常に限られている また、ほとんどの場合、質問に答えることも、基本的な情報を提供することもできない。書かれたものを読み上げる際の英語は分かりやすい場合もあるが、分かりにくい場合もある。自らが考えて話をするときは、発音、イントネーション、強調すべき部分に問題が多い。 「PRONUNCIATION」、「INTONATION and STRESS」の評価内容もご確認ください。
[3] スコア 60～70	一般的に、レベル3に該当する受験者は、若干の支障はあるものの簡単なことは言える。ただし、その意見の裏付けを述べることはできない。複雑な要求に対する応答は、非常に限られている。

	また、ほとんどの場合、質問に答えることも、基本的な情報を提供することもできない。語彙・語句または文法が不十分なため、簡単な描写をすることもできない。書かれたものを読み上げる際の英語は理解しにくいことがある。「PRONUNCIATION」、「INTONATION and STRESS」の評価内容もご確認ください。
[2] スコア 40 ~ 50	一般的に、レベル2に該当する受験者は、意見を述べることも、意見の裏付けを述べることもできない。複雑な要求に応えることもできない、また、まったく的外れな応答をする。質問に答える、基本的な情報を提供するなど、社会生活や職業上の日常的な会話も理解しにくい。書かれたものを読み上げる際の英語は理解しにくいことがある。「PRONUNCIATION」、「INTONATION and STRESS」の評価内容もご確認ください。
[1] スコア 0 ~ 30	一般的に、レベル1に該当する受験者は、スピーキングのかなりの部分に回答していない。テストのディレクションや設問の内容を理解するのに必要な英語のリスニング、またはリーディング能力に欠ける。

Pronunciation Level	スピーキング Pronunciation（発音）
[3] HIGH	英文を音読する際、発音はとても分かりやすい。
[2] MEDIUM	英文を音読する際、発音は全体的に分かりやすいが、些細なミスがある。
[1] LOW	英文を音読する際、発音は全体的に分かりにくい。

Intonation and Stress Level	スピーキング Intonation and Stress（イントネーションとアクセント）
[3] HIGH	英文を音読する際、イントネーションとアクセントが、とても効果的である。
[2] MEDIUM	英文を音読する際、イントネーションとアクセントが、ほとんどの場合効果的である。
[1] LOW	英文を音読する際、イントネーションとアクセントが、ほとんどの場合効果的ではない。

＊参考資料：一般財団法人国際ビジネスコミュニケーション協会公式サイト「能力レベル別評価の一覧表」

Proficiency Level Descriptors（能力レベル別評価一覧表）

Proficiency Level	ライティング
[9] スコア 200	一般的に、レベル 9 に該当する受験者は、簡単な情報を的確に伝達することができ、理由や例をあげて、または説明をして、意見を裏付けることができる。 簡単な情報を提供する、質問する、指示を与える、または要求するときは、明確で、一貫性のある、的確な文章を書くことができる。 理由や例をあげたり、または説明をして意見を裏付けるなどして、よくまとまった、十分に展開された文章を書くことができる。さまざまな構文や適切な語彙・語句を使い、自然な英語を書くことができる。文法も正確である。
[8] スコア 170 〜 190	一般的に、レベル 8 に該当する受験者は、簡単な情報を的確に伝達することができ、理由や例をあげて、または説明をして、意見を裏付けることができる。 簡単な情報を提供する、質問する、指示を与える、または要求するときは、明確で、一貫性のある、的確な文章を書くことができる。 さらに、理由や例をあげて、または説明をして、意見を裏付けるときは、概ね上手な文章を書くことができる。概ねよくまとまった文章で、さまざまな構文や適切な語彙・語句を使用している。ただし、以下の弱点の 1 つがみられることがある。 ● 時折、同じ考えを不必要に繰り返す、または述べられている様々な考え同士の関連が不明確である ● 文法上の小さな誤りがある、または語彙・語句の選択が不正確である
[7] スコア 140 〜 160	一般的に、レベル 7 に該当する受験者は、簡単な情報を提供する、質問をする、指示を与える、または要求することが的確にできるが、理由や例をあげて、または説明をして、意見を裏付けることは部分的にしかできない。 簡単な情報を提供する、質問する、指示を与える、または要求するときは、明確で、一貫性のある、的確な文章を書くことができる。 意見について説明しようとするときは、その意見と関連のある考えやある程度の裏付けを提示することができる。このレベルにみられる一般的な弱点には、以下のようなものがある。 ● 要点の具体的な裏付けや展開が不十分である ● 述べられている様々な要点同士の関連が不明確である ● 文法的な誤りがある、または語彙・語句の選択が不正確である
[6] スコア 110 〜 130	一般的に、レベル 6 に該当する受験者は、簡単な情報を提供し、理由や例をあげて、または説明をして意見を裏付けることは部分的にはできる。 簡単な情報を提供する、質問する、指示を与える、または要求するときは、重要な情報を書き忘れることがある、または文章に分かりにくい部分がある。 意見について説明しようとするときは、その意見と関連のある考えやある程度の裏付けを提示することができる。このレベルにみられる一般的な弱点には、以下のようなものがある。 ● 要点の具体的な裏付けや展開が不十分である ● 述べられている様々な要点同士の関連が不明確である ● 文法的な誤りがある、または語彙・語句の選択が不正確である
[5] スコア 90 〜 100	一般的に、レベル 5 に該当する受験者は、簡単な情報を提供することは部分的にはできるが、理由や例をあげて、または説明をして意見を裏付けることはほとんどの場合、できない。 簡単な情報を提供する、質問する、指示を与える、または要求するときは、重要な情報を書き忘れることがある、または文章に分かりにくい部分がある。 意見について説明しようとするときは、コミュニケーションの障害となる以下のような重大な弱点がみられる。 ● 意見を裏付ける例、説明、詳細が不十分である、または不適切である ● 考えを述べる構成がよくない、または考え同士の関連が不十分である ● 考えが十分に展開されていない ● 重大な文法的誤りがある、または語彙・語句の選択が不正確である

[4] スコア 70 ～ 80	一般的に、レベル 4 に該当する受験者は、意見を述べ、簡単な情報を提供する能力の発展段階にあり、コミュニケーションができることは限られている。 簡単な情報を提供する、質問する、指示を与える、または要求するときは、以下の理由で、課題を完全に達成することができない。 ● 情報が欠けている ● 文章と文章のつながりが欠けている、またはあいまいである あるいは（そして） ● 文法的誤りが多い、または語彙・語句の選択が不正確である 意見について説明しようとするときは、コミュニケーションの障害となる以下のような重大な弱点がみられる。 ● 意見を裏付ける例、説明、詳細が不十分である、または不適切である ● 考えを述べる構成がよくない、または考え同士の関連が不十分である ● 考えが十分に展開されていない ● 重大な文法的誤りがある、または語彙・語句の選択が不正確である レベル 4 に該当する受験者は、文法的に正確な文章を作成するのに必要なある程度の能力を有しているが、一貫性に欠ける。
[3] スコア 50 ～ 60	一般的に、レベル 3 に該当する受験者は、意見を述べ、簡単な情報を提供する能力が限られている。 簡単な情報を提供する、質問する、指示を与える、または要求するときは、以下の理由で、課題を完全に達成することができない。 ● 情報が欠けている ● 文章と文章のつながりが欠けている、またはあいまいである あるいは（そして） ● 文法的誤りが多い、または語彙・語句の選択が不正確である 意見を説明しようとすると、以下の重大な欠陥が 1 つもしくは複数以上みられる。 ● 無秩序な構成と不十分な展開 ● 詳細情報の欠落、または関連の欠如 ● 文法的誤りの頻発、または不正確な語彙・語句の選択 レベル 3 に該当する受験者は、文法的に正確な文章を作成するのに必要なある程度の能力を有しているが、一貫性に欠ける。
[2] スコア 40	一般的に、レベル 2 に該当する受験者は、意見を述べ、簡単な情報を提供する能力がかなり限られている。 レベル 2 に該当する受験者は、簡単な情報を提供することができない。このレベルに特有の弱点には、以下が含まれる。 ● 重要な情報がまったく含まれていない ● 記述された事柄同士につながりがない、またはあいまいである ● 文法的誤りが頻発する、または語彙・語句の選択が不正確である 意見を説明しようとすると、以下の重大な欠陥が 1 つもしくは複数以上みられる。 ● 無秩序な構成と不十分な展開 ● 詳細情報の欠落、または関連の欠如 ● 文法的誤りの頻発、または不正確な語彙・語句の選択 レベル 2 に該当する受験者は、文法的に正確な文章を作成することができない。
[1] スコア 0 ～ 30	一般的に、レベル 1 に該当する受験者は、ライティングのかなりの部分に回答していない。テストのディレクションや設問の内容を理解するのに必要な英語のリーディング能力に欠ける。

＊参考資料：一般財団法人国際ビジネスコミュニケーション協会公式サイト「能力レベル別評価の一覧表」

JPCA
日本出版著作権協会
http://www.jpca.jp.net/

本書は日本出版著作権協会（JPCA）が委託管理する著作物です。
複写（コピー）・複製、その他著作物の利用については、事前にJPCA（電話 03-3812-9424、e-mail:info@e-jpca.com）の許諾を得て下さい。なお、無断でコピー・スキャン・デジタル化等の複製をすることは著作権法上の例外を除き、著作権法違反となります。

●●● 著者略歴 ●●●

松岡　昇
獨協大学、東洋大学講師。
専門は国際コミュニケーション、社会言語学。『日本人は英語のここが聞き取れない』（アルク）、『桂三輝の英語落語』（共著、アルク）、『会話力がアップする英語雑談75』（DHC）、*One-minute Presentation in English*（共著、松柏社）、*Beat Your Best Score on the TOEIC® L&R Test*（共著、松柏社）など著書多数。通信講座「1000時間ヒアリングマラソン」（アルク）の主任コーチ、企業のグローバル人材育成コンサルティングや研修も務める。

傍島一夫
明星大学講師。
イギリスに語学留学後英会話学校に就職。40年以上にわたり英語教育に携わる。*Raise Your Score 150 Plus on the TOEIC® Test*（共著、松柏社）、*One-minute Presentation in English*（共著、松柏社）、*Beat Your Best Score on the TOEIC® L&R Test*（共著、松柏社）など。現在は、主に企業や大学で TOEIC® L&R 対策講座やビジネスライティング講座、英会話講座など、幅広く英語研修を担当している。

THE ESSENTIAL GUIDE TO THE TOEIC® S&W TESTS
はじめての TOEIC® S&W 総合対策入門

2020 年 4 月 10 日　初版第 1 刷発行

著　　者　松岡　昇／傍島一夫
英文校閲　Howard Colefield

発 行 者　森　信久
発 行 所　**株式会社　松 柏 社**
　　　　　〒102-0072　東京都千代田区飯田橋 1 - 6 - 1
　　　　　TEL　03 (3230) 4813　（代表）
　　　　　FAX　03 (3230) 4857
　　　　　http://www.shohakusha.com
　　　　　e-mail: info@shohakusha.com

装　　幀　小島トシノブ（NONdesign）
本文レイアウト・組版　中村亮平／品木雅美（有限会社ケークルーデザインワークス）
印　　刷　中央精版印刷株式会社
ISBN978-4-88198-759-9
略号＝ 759
Copyright © 2020 Noboru Matsuoka & Kazuo Sobajima

ISBN978-4-88198-759-9
C3082 ¥1900E

定価（本体1,900円＋税）
略号＝759

Contents

卓上CNCからマシニングまで!!

次世代クラウドベース3DCAD/CAM

Fusion 360
操作ガイド

CAM・切削加工編1

2021年版

スリプリ（株式会社VOST）

三谷大暁／大塚 貴／濱谷健史●共著

AUTODESK®
FUSION 360™

ダウンロードして今日から使える!

学生、個人利用、
スタートアップ企業の利用は **実質無料!**

人気講座が
ついに書籍化!

初心者でも安心
自分のペースでしっかり学べる!

購入者特典

WEBで見れる!
課題の解答と動画

CUTT
カットシステム